New TOPIK I

한국어능력시험

한글파크

『NEW TOPIK Ⅰ 필수문법 101』은 TOPIK Ⅰ 을 대비하는 외국인 학습자를 위한 한국어 문법 대비서입니다.

많은 학습자들이 한국어 교육 기관에서 한국어를 배우거나 스스로 한국어 문법을 공부하고 있지만 TOPIK을 준비하는 데에는 대부분 어려움을 겪고 있습니다. 그 이유는 크게 다음과 같이 생각해 볼 수 있습니다.

1) TOPIK을 준비하기 위해 꼭 알아야 할 문법 목록이 없다.
2) TOPIK을 준비하기 위해 혼자 학습할 수 있는 문법책이 없다.
3) 배운 문법이라도 그 문법이 TOPIK Ⅰ 에 어떻게 출제되는지 모른다.

이러한 문제로 고민하는 학습자들을 위하여 이 책은 TOPIK을 준비하는 데에 앞서 알아야 할 문법을 선정하고, 문법의 내용을 알기 쉽게 정리하였습니다.

먼저 지금까지의 TOPIK 기출문제를 분석해서 중요하게 출제되는 문법 101개를 선정했습니다. 그 다음 선정된 기출 문법들을 출제빈도수에 따라 중요도를 나눠 제시하였는데 이것은 시간이 충분하지 못한 학생일지라도 출제빈도수가 높은 문법을 중심으로 살펴보며 시험을 대비할 수 있도록 하기 위함입니다. 뿐만 아니라 자세한 연습문제 풀이를 통해 학습자는 TOPIK에 익숙해질 수 있도록 구성하였습니다.

이 책을 통해 TOPIK을 대비하는 외국인 학습자들이 공부의 방향을 잃지 않고 효율적으로 시험을 준비하여 좋은 결과를 얻기를 바랍니다.

책이 나오기까지 어떤 TOPIK 대비서가 필요한지에 대해 함께 고민하고 조언해 준 외국인 학생들과 문법 사항을 감수해 주신 감수자 선생님들께 감사드립니다. 또한 좋은 책을 만들기 위해서 수고해 주신 한글파크 출판사 분들께도 감사의 말씀을 드립니다.

집필자 일동

　『NEW TOPIK I 必須文法101』は、TOPIK I を受験する外国人学習者のための韓国語文法対策書です。

　多くの学習者が韓国語教育機関で韓国語を学ぶか、又は独学で韓国語の文法を勉強していますが、TOPIKの試験対策をするのに大抵の人が苦労しています。その理由は大きく分けると次の通りに考えられます。

　1) TOPIK試験対策用の必ず知っておくべき文法リストがない。
　2) TOPIK試験対策用の一人で学習できる文法書がない。
　3) 既習文法でもその文法がTOPIK I にどのように出題されるのか分からない。

　このような問題で悩む学習者のために、本書はTOPIK試験対策をするのに先立ち必須文法を選定し、文法の内容をわかりやすくまとめました。

　まず今までのTOPIKの過去問を分析し、よく出題される文法101個を選定しました。次に選定された文法を出題頻度数により重要度を決めて提示しましたが、これは試験勉強に十分に時間を割けない学習者でも出題頻度数の高い文法を中心に確認し、試験に備えることができるようにするためです。さらに練習問題の解き方を詳しく解説することで学習者がTOPIKの試験問題に慣れるよう構成しました。

　本書を通してTOPIKを受験する外国人学習者が勉強の方向を見失わず効率的に試験準備をし、良い結果が得られるよう願います。

　本書の作成に際しどのようなTOPIK対策書が必要なのか一緒に悩み助言してくれた外国人学生と、文法事項を監修して頂いた先生方に厚く御礼申し上げます。また良い教材を作成するためにご尽力頂いたランゲージプラス出版社の方々にも感謝の意を表します。

著者一同

이 책은 101개의 초급 문법으로 구성되어 있고 문법의 의미에 따라 22개의 장으로 구분하였다. 각 장은 '알아두기', '더 알아두기', '연습하기', '연습 문제'로 구성되어 있다.

本書は101個の初級レベルの文法を内容別に22章に分かれています。

各章は「用法の確認」、「チェックポイント」、「練習」、「練習問題」で構成されています。

1) 알아두기　用法の確認

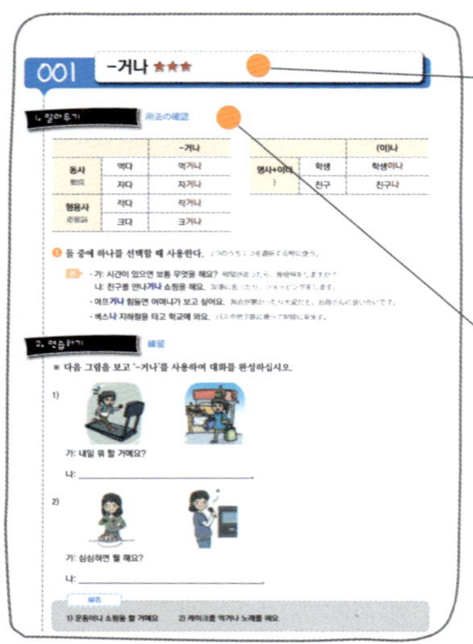

★ : TOPIK에 얼마나 많이 나왔는지를 나타내요! ★이 많을수록 자주 나온 문법이니까 ★★★은 시험 전에 꼭 확인하도록 하세요!

★ : 実際のTOPIKでの出題頻度を現しています！★が多いほどよく出題される文法ですので、★★★は試験前に必ず確認しましょう！

1. 알아두기

문법의 '형태 변화, 의미, 예문, 주의사항'이 들어 있어요.

用法の確認：文法の「活用、意味、例文、注意事項」が載っています。

2) 더 알아두기　チェックポイント

2. 더 알아두기

다른 문법과 함께 쓰이면 의미가 어떻게 되는지 정리되어 있고, 의미나 기능이 유사한 문법을 비교해 놓았어요. 무엇보다 TOPIK 문제에서 비교되어 함께 출제되는 문법들도 정리되어 있으니 놓치지 마세요.

チェックポイント：他の文法と合わせて使われると意味がどう変わるのかを整理し、意味や機能の似た文法を比較してあります。TOPIKの試験問題で比較され一緒に出題される文法もまとめられているのでよく確認してみましょう。

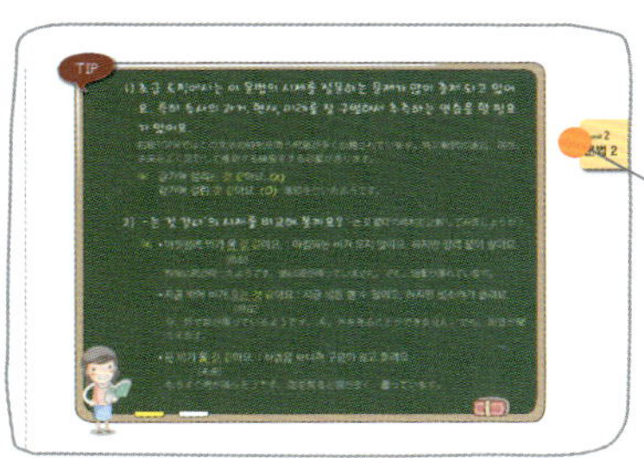

: 문법을 비교해서 정리해 놓은 부분입니다. 만약 같은 장에 있는 두 문법이 비교될 경우에는 앞 부분의 문법 '더 알아두기'에는 정리해 놓았지만, 뒷 부분의 문법 '더 알아두기'에는 같은 내용의 문법 비교를 싣지 않았어요. 하지만 만 잘 따라가면 빨리 찾을 수 있어요.

: 文法を比較しまとめた部分です。同じ章に出てくる２つの文法を比較する場合、先に出てくる文法の「チェックポイント」にのみ記載し、後から出てくる文法の「チェックポイント」では割愛してあります。を探すと早く見つけられます。

TIP : 문법 사용에 있어 필요한 정보나 항목을 자세하게 보충하여 다루고 있어요.

TIP : 文法の用法に必要な情報や項目を詳細に扱っています。

3) 연습하기 練習

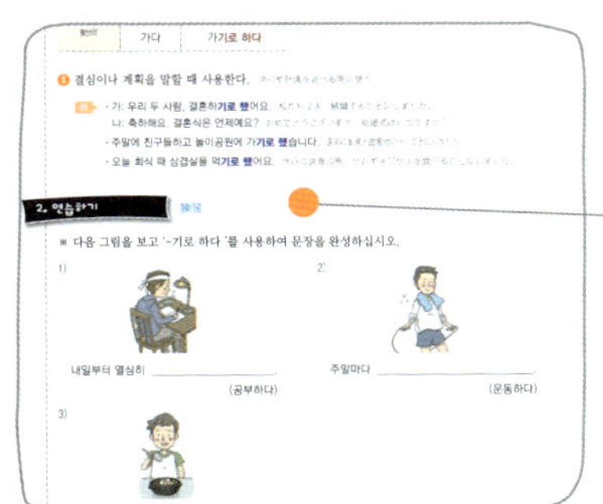

3. 연습하기

문법을 잘 이해했는지 연습문제를 통해서 확인할 수 있어요.

練習: 文法をよく理解できたか練習問題を通して確認できます。

4) 연습 문제 練習問題

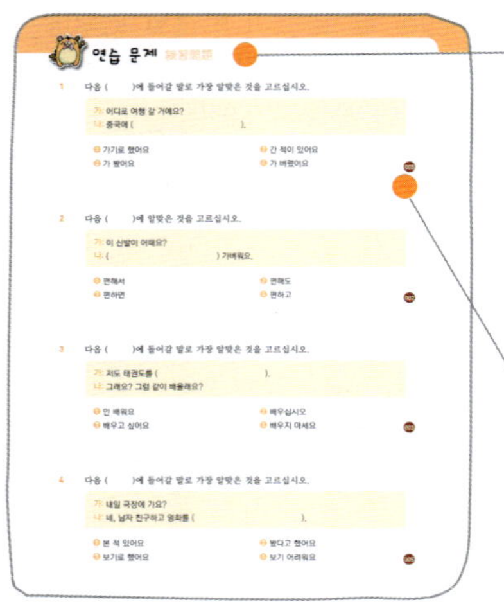

연습 문제 : TOPIK을 대비하여 충실히 연습할 수 있도록 했어요.

練習問題 : TOPIK試験に対応し、十分に練習できるようになっています。

093 : 문법의 번호로 문법 항목 뒤에 붙거나 해당 문법의 연습 문제 끝에 붙어요.

093 : これは文法の番号で、該当する文法項目、又は該当文法が使われている練習問題の後に表示しています。

5) 부록 付録

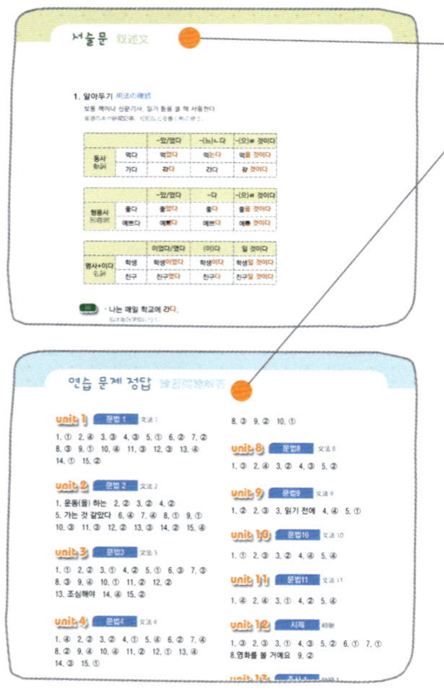

'서술문'과 '연습 문제' 정답이 수록되어 있어요.

「叙述文」と「練習問題」の解答が収録されています。

6) 포켓북 別冊ミニブック

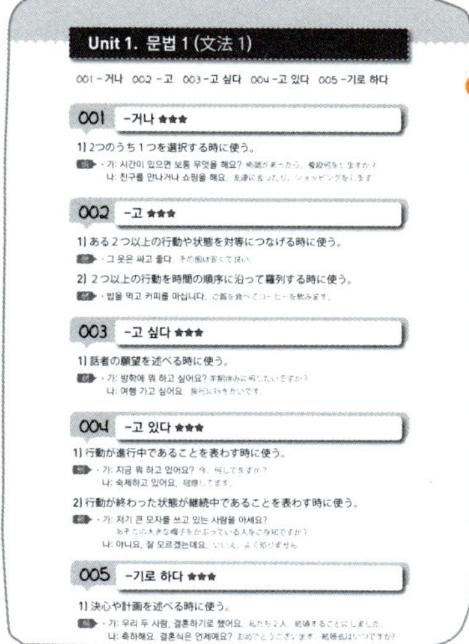

편하게 들고 다니면서 공부할 수 있는 책이에요.
문법의 의미와 예문이 포함되어 있어요.

気軽に持ち歩き勉強できる別冊ミニブックです。
文法の意味と例文が載っています。

PART II – 시제, 조사, 의문사, 불규칙, 접속사, 반말, 간접화법

한국어능력시험 안내 韓国語能力試驗案內

1. 한국어 능력시험의 목적
- 한국어를 모국어로 하지 않는 재외동포 · 외국인의 한국어 학습 방향 제시 및 한국어 보급 확대
- 한국어 사용능력을 측정 · 평가하여 그 결과를 국내 대학 유학 및 취업 등에 활용

2. 응시 대상
- 한국어를 모국어로 하지 않는 외국인 또는 재외동포
- 한국어 학습자 및 국내 · 외 대학 유학희망자
- 국내 · 외 한국어기업체 및 공공기관 취업희망자
- 외국 학교 재학 또는 졸업자(제외국인)

3. 주관기관
교육부 국립국제교육원

4. 시험의 수준 및 등급
- 시험의 수준 : TOPIK Ⅰ, TOPIK Ⅱ
- 평가 등급 : 6개 등급(1~6급)

TOPIK Ⅰ		TOPIK Ⅱ			
1급	2급	3급	4급	5급	6급
80점 이상	140점 이상	120점 이상	150점 이상	190점 이상	230점 이상

5. 시험 시간

구분	교시	영역	시간
TOPIK Ⅰ	1교시	듣기/읽기	100분
TOPIK Ⅱ	1교시	듣기/쓰기	110분
	2교시	읽기	70분

6. 문항 구성
1) 수준별 구성

구분	교시	영역/시간	유형	문항수	배점	배점총계
TOPIK Ⅰ	1교시	듣기(40분)	객관식	30	100	200
	2교시	읽기(60분)	객관식	40	100	
TOPIK Ⅱ	1교시	듣기(60분)	객관식	50	100	300
		쓰기(50분)	주관식	4	100	
	2교시	읽기(70분)	객관식	50	100	

2) 문제유형

① 객관식 문항(4지 택 1형)
② 주관식 문항(쓰기영역)
　· 문장완성형(단답) : 2문항
　· 작문형 : 2문항
　　- 중급 수준의 200~300자 정도의 설명문 1문항
　　- 고급 수준의 600~700자 정도의 논술문 1문항

7. 문제지의 종류

종류	A형	B형
시행지역	미주, 유럽, 아프리카	아시아, 오세아니아
시행요일	토요일	일요일

8. 원서 접수 안내

① 로그인
- TOPIK 홈페이지에서 회원 가입
- 로그인 화면에서 아이디/비밀번호 입력

② 접수
- 인터넷 접수에서 접수 클릭
- 접수 회차의 일정 확인

③ 시험장 선택
- 원하는 시험장 검색(해당 정원이 모두 신청된 경우 신청 불가)
- 시험장 신청 버튼 클릭

④ 사진 등록
- 여권용 사진을 선택, 사진등록 → 편집 → 확인
　※ 사진 등록시 표준 사진이 맞는지 확인

⑤ 개인 정보 입력
- 시험 수준, 시험장 및 등록한 사진 확인
- 개인 정보 입력 후 등록

⑥ 정보 확인 및 수정
- 시험 수준, 시험장, 등록한 개인 정보 확인 후 응시료 결제버튼 클릭

⑦ 응시료 결제
- 응시료 결제 클릭 후 응시료 결제 방법 선택 → 결제하기

⑧ 접수 내역 확인
- 나의 시험정보 → 접수내역 클릭
- 시험회차, 시험수준으로 검색하여 접수된 정보 확인
- 결제여부 및 접수 내역 확인

시험수준	등급	평가기준
TOPIK Ⅰ	1급	− '자기 소개하기, 물건 사기, 음식 주문하기' 등 생존에 필요한 기초적인 언어 기능을 수행할 수 있으며 '자기 자신, 가족, 취미, 날씨' 등 매우 사적이고 친숙한 화제에 관련된 내용을 이해하고 표현할 수 있다. − 약 800개의 기초 어휘와 기본 문법에 대한 이해를 바탕으로 간단한 문장을 생성할 수 있다. 간단한 생활문과 실용문을 이해하고, 구성할 수 있다.
	2급	− '전화하기, 부탁하기' 등의 일상생활에 필요한 기능과 '우체국, 은행' 등의 공공시설 이용에 필요한 기능을 수행할 수 있다. − 약 1,500~2,000개의 어휘를 이용하여 사적이고 친숙한 화제에 관해 문단 단위로 이해하고 사용할 수 있다. − 공식적 상황과 비공식적 상황에서의 언어를 구분해 사용할 수 있다.
TOPIK Ⅱ	3급	− 일상생활을 영위하는 데 별 어려움을 느끼지 않으며, 다양한 공공시설의 이용과 사회적 관계 유지에 필요한 기초적 언어 기능을 수행할 수 있다. − 친숙하고 구체적인 소재는 물론, 자신에게 친숙한 사회적 소재를 문단 단위로 표현하거나 이해할 수 있다. − 문어와 구어의 기본적인 특성을 구분해서 이해하고 사용할 수 있다.
	4급	− 공공시설 이용과 사회적 관계 유지에 필요한 언어 기능을 수행할 수 있으며, 일반적인 업무 수행에 필요한 기능을 어느 정도 수행할 수 있다. − '뉴스, 신문 기사' 중 평이한 내용을 이해할 수 있다. 일반적인 사회적 · 추상적 소재를 비교적 정확하고 유창하게 이해하고, 사용할 수 있다. − 자주 사용되는 관용적 표현과 대표적인 한국 문화에 대한 이해를 바탕으로 사회 · 문화적인 내용을 이해하고 사용할 수 있다.
	5급	− 전문 분야에서의 연구나 업무 수행에 필요한 언어 기능을 어느 정도 수행할 수 있다. − '정치, 경제, 사회, 문화' 전반에 걸쳐 친숙하지 않은 소재에 관해서도 이해하고 사용할 수 있다. − 공식적, 비공식적 맥락과 구어적, 문어적 맥락에 따라 언어를 적절히 구분해 사용할 수 있다.
	6급	− 전문 분야에서의 연구나 업무 수행에 필요한 언어 기능을 비교적 정확하고 유창하게 수행할 수 있다. − '정치, 경제, 사회, 문화' 전반에 걸쳐 친숙하지 않은 주제에 관해서도 이용하고 사용할 수 있다. 원어민 화자의 수준에는 이르지 못하나 기능 수행이나 의미 표현에는 어려움을 겪지 않는다.

10. 쓰기 영역의 작문 문항평가 범주

문항	평가범주	평가내용
51~52	내용 및 과제 수행	제시된 과제에 맞게 적절한 내용으로 썼는가?
	언어사용	어휘와 문법 등의 사용이 정확한가?
53~54	내용 및 과제 수행	- 제시된 과제를 충실히 수행하였는가? - 주제에 관련된 내용으로 풍부하고 다양하게 구성하였는가?
	전개 구조	- 글의 조직이 명확하고 논리적이며 중심 생각을 잘 구성하였는가? - 논리 전개에 도움이 되는 담화 표지를 적절히 사용하였는가?
	언어사용	- 어휘와 문법 등을 정확하고 다양하게 사용하였는가? - 글의 목적과 기능에 따라 격식에 맞춰 글을 썼는가?

문법 1 文法 1

1. 알아두기　用法の確認

		–거나
동사 動詞	먹다	먹**거나**
	자다	자**거나**
형용사 形容詞	작다	작**거나**
	크다	크**거나**

		(이)나
명사+이다 名詞	학생	학생**이나**
	친구	친구**나**

❶ 둘 중에 하나를 선택할 때 사용한다.　2つのうち１つを選択する時に使う。

例
- 가: 시간이 있으면 보통 무엇을 해요?　時間があったら、普段何をしますか？
  나: 친구를 만나**거나** 쇼핑을 해요.　友達に会ったり、ショッピングをします。
- 아프**거나** 힘들면 어머니가 보고 싶어요.　具合が悪かったり大変だと、お母さんに会いたいです。
- 버스**나** 지하철을 타고 학교에 와요.　バスや地下鉄に乗って学校に来ます。

2. 연습하기　練習

※ 다음 그림을 보고 '–거나'를 사용하여 대화를 완성하십시오.

1)

가: 내일 뭐 할 거예요?

나: ________________________________.

2)

가: 심심하면 뭘 해요?

나: ________________________________.

解答

1) 운동이나 쇼핑을 할 거예요　　2) 케이크를 먹거나 노래를 해요

002 –고 ★★★

		–았/었고	–고
동사 動詞	먹다	먹**었고**	먹**고**
	가다	**갔고**	가**고**
	공부하다	공부**했고**	공부**하고**
형용사 形容詞	좋다	좋**았고**	좋**고**
	적다	적**었고**	적**고**

		이었/였고	(이)고
명사+이다 名詞	학생	학생**이었고**	학생**이고**
	친구	친구**였고**	친구**고**

❶ 어떤 두 가지 이상의 행동이나 상태를 대등하게 연결할 때 사용한다.
ある 2 つ以上の行動や状態を対等につなげる時に使う。

> 例　・그 옷은 싸**고** 좋다.　その服は安くて良い。
>
> ・주말에 숙제도 하**고** 빨래도 할 거예요.　週末に宿題もして洗濯もするつもりです。
>
> ・우리 누나는 회사원**이고** 내 동생은 고등학생이다.
> うちの姉は会社員で、弟(妹)は高校生だ。

❷ 두 가지 이상의 행동을 시간의 순서대로 나열할 때 사용한다.
2 つ以上の行動を時間の順序に沿って羅列する時に使う。

> 例　・밥을 먹**고** 커피를 마십니다.　ご飯を食べてコーヒーを飲みます。
>
> ・수업이 끝나면 도서관에서 공부를 하**고** 밥을 먹**고** 집으로 갑니다.
> 授業が終わったら図書館で勉強してご飯を食べて家に帰ります。
>
> ・샤워를 하**고** 쉬는데 친구가 나오라고 전화를 했어요.
> シャワーをして休んでいたら友達が出て来いと電話をしました。

▶ '-고'를 사용한 문장은 '그리고'[099]를 사용해 두 문장으로 만들 수 있다.
'-고'を使った文は'그리고'を使って2つの文にすることができる。

例 • 한국어 공부는 쉽**고** 재미있습니다.　韓国語の勉強は簡単でおもしろいです。
= 한국어 공부는 쉽습니다. **그리고** 재미있습니다.　韓国語の勉強は簡単です。そしておもしろいです。

 ▶ '-고'와 '-(으)ㄴ 후'[052]의 문법 비교　'-고'と'-(으)ㄴ 후'の文法比較
'-고'가 ❷의 의미일 때 '-(으)ㄴ 후'와 바꾸어 사용할 수 있다.
'-고'が②の意味の時'-(으)ㄴ 후'と置き換えて使うことができる。

例 • 아침 8시에 밥을 먹**고** 9시에 학교에 갔어요.　朝8時にご飯を食べて9時に学校に行きました。
= 아침 8시에 밥을 먹**은 후에** 9시에 학교에 갔어요.　朝8時にご飯を食べた後、9時に学校に行きました。

 ▶ '-고 '와 '-아/어서'[013]의 문법 비교　'-고'と'-아/어서'の文法比較
'-고'[002]와 '-아/어서'[013]는 순서를 나타내는 문법이다. 그런데, 두 문법은 아래와 같은 차이가 있다.
'-고'と'-아/어서'は順序を表わす文法だ。しかし、2つの文法は下記のような違いがある。

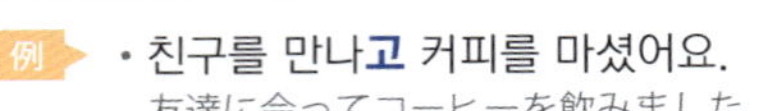

例 • 친구를 만나**고** 커피를 마셨어요.
友達に会ってコーヒーを飲みました。

例 • 친구를 만나**서** 커피를 마셨어요.
友達に会ってコーヒーを飲みました。

3. 연습하기　　練習

※ 다음을 보고 '-고'를 사용하여 알맞은 문장을 완성하십시오.

1) 가: 지난 주말에 산 옷이 어때요?

　나: ＿＿＿＿＿＿＿＿＿＿ 좋아요. (싸다)

2) 가: 내일 날씨가 어떨까요?

　나: 내일은 아마 ＿＿＿＿＿＿＿＿ 흐릴 거예요. (비가 오다)

3) 가: 수업 후에 어떤 계획이 있어요?

　나: 오랜만에 친구를 만나서 ＿＿＿＿＿＿＿＿ 영화를 보려고 해요. (밥을 먹다)

解答

1) 싸고　　2) 비가 오고　　3) 밥을 먹고

003 −고 싶다 ★★★

1. 알아두기 　用法の確認

		−고 싶다
동사 動詞	먹다	먹고 **싶다**
	가다	가고 **싶다**

❶ 말하는 사람이 바라는 것을 말할 때 사용한다. 　話者の願望を述べる時に使う。

例
- 가: 방학에 뭐 하**고 싶**어요? 　学期休みに何したいですか？
  나: 여행 가**고 싶**어요. 　旅行に行きたいです。
- 가: 아침 먹을래? 　朝ご飯、食べる？
  나: 아니, 지금 안 먹**고 싶**어. 　ううん、今食べたくない。

2. 더 알아두기 　チェックポイント

▶ 다른 사람이 바라는 것을 말할 때는 '−고 싶다'와 '−아/어하다'⁰⁴⁸의 결합형인 '−고 싶어하다'를 사용해야 한다.

他の人が望むことを述べる時は'−고 싶다'と'−아/어 하다'を合わせた'−고 싶어하다'を使わなければならない。

例
- 오빠는 한국에 가**고 싶어한**다. 　兄は韓国に行きたがっている。
  다른 사람 (他の人)

- 나는 일본에 가**고 싶**다. 　私は日本に行きたい。
  말하는 사람 (話者)

※ 다음 그림을 보고 '-고 싶다'를 사용하여 대화를 완성하십시오.

1)

가: 뭐 먹을래요?

나: ________________________.

2)

가: 어디에 갈 거예요?

나: ________________________.

3)

가: 뭐 할까요?

나: ________________________.

解答

1) 잡채를 먹고 싶어요　　2) 제주도에 가고 싶어요　　3) (한국) 음악을 듣고 싶어요

004 -고 있다 ★★★

I. 알아두기　用法の確認

		-고 있다
동사 動詞	먹다	먹고 있다
	가다	가고 있다

❶ 행동이 진행되고 있는 것을 나타낼 때 사용한다.　行動が進行中であることを表わす時に使う。

> 例 ・가: 지금 뭐 하**고 있**어요?　今、何してますか？
> 　　나: 숙제하**고 있**어요.　宿題してます。
>
> ・가: 저기 자전거를 타**고 있**는 사람이 누구야?　あそこの自転車に乗っている人は誰なの？
> 　　나: 우리 반 친구인 것 같아.　うちのクラスの友達だと思う。

❷ 행동이 끝난 상태가 계속되고 있는 것을 나타낼 때 사용한다.
行動が終わった状態が継続中であることを表わす時に使う。

> 例 ・가: 저기 큰 모자를 쓰**고 있**는 사람을 아세요?　あそこの大きな帽子をかぶっている人をご存知ですか？
> 　　나: 아니요, 잘 모르겠는데요.　いいえ、よく知りません。
>
> ・가: 팔찌를 그렇게 많이 하**고 있**으면 무겁지 않아요?
> 　　　ブレスレットをそんなにたくさんしていたら重くないですか？
> 　　나: 모두 가벼운 거라서 괜찮아요.　全部軽いものなので大丈夫です。

주의사항　注意事項

❷번의 뜻일 때는 '입다, 신다, 쓰다, 끼다, 벗다, 메다' 등의 착용 동사와 주로 사용된다.
❷の意味の時は主に'입다, 신다, 쓰다, 끼다, 벗다, 메다'などの着用動詞と一緒に使う。

> 例 빨간색 옷을 입**고 있**어요.　赤い服を着ています。
>
> 큰 귀걸이를 하**고 있**어요.　大きなイヤリングをしています。

※ 다음 그림을 보고 '-고 있다'를 사용하여 문장을 완성하십시오.

1) 상희는 _______________________________________.

2) 승준이는 _____________________________________.

3) 혜경이는 _____________________________________.

※ 다음 그림을 보고 '-고 있다'를 사용하여 문장을 완성하십시오.

4) 귀걸이를 _____________________________________.

5) 안경을 _______________________________________.

6) 치마를 _______________________________________.

7) 구두를 _______________________________________.

解答

1) 주스를 마시고 있어요　　2) 음악을 듣고 있어요　　3) 친구와 이야기를 하고 있어요

4) 하고 있어요　　5) 쓰고 있어요　　6) 입고 있어요　　　7) 신고 있어요

005 −기로 하다 ★★★

Ⅰ. 알아두기　用法の確認

		−기로 하다
동사 動詞	먹다	먹**기로 하다**
	가다	가**기로 하다**

❶ 결심이나 계획을 말할 때 사용한다.　決心や計画を述べる時に使う。

例
- 가: 우리 두 사람, 결혼하**기로 했**어요.　私たち2人、結婚することにしました。
  나: 축하해요. 결혼식은 언제예요?　おめでとうございます。結婚式はいつですか？
- 주말에 친구들하고 놀이공원에 가**기로 했**습니다.　週末に友達と遊園地に行くことにしました。
- 오늘 회식 때 삼겹살을 먹**기로 했**어요.　今日の会食の時、サムギョプサルを食べることにしました。

2. 연습하기　練習

※ 다음 그림을 보고 '−기로 하다 '를 사용하여 문장을 완성하십시오.

1)

내일부터 열심히 ＿＿＿＿＿＿＿＿＿＿＿.
(공부하다)

2)

주말마다 ＿＿＿＿＿＿＿＿＿＿＿＿.
(운동하다)

3)

저녁에 비빔밥을 ＿＿＿＿＿＿＿＿＿.
(먹다)

解答
1) 공부하기로 했어요　　2) 운동하기로 했어요　　3) 먹기로 했어요

연습 문제 練習問題

1 다음 ( )에 들어갈 말로 가장 알맞은 것을 고르십시오.

> 가: 어디로 여행 갈 거예요?
> 나: 중국에 ( ).

① 가기로 했어요　　　　　　　② 간 적이 있어요
③ 가 봤어요　　　　　　　　　④ 가 버렸어요

005

2 다음 ( )에 알맞은 것을 고르십시오.

> 가: 이 신발이 어때요?
> 나: ( ) 가벼워요.

① 편해서　　　　　　　　　　② 편해도
③ 편하면　　　　　　　　　　④ 편하고

002

3 다음 ( )에 들어갈 말로 가장 알맞은 것을 고르십시오.

> 가: 저도 태권도를 ( ).
> 나: 그래요? 그럼 같이 배울래요?

① 안 배워요　　　　　　　　　② 배우십시오
③ 배우고 싶어요　　　　　　　④ 배우지 마세요

003

4 다음 ( )에 들어갈 말로 가장 알맞은 것을 고르십시오.

> 가: 내일 극장에 가요?
> 나: 네, 남자 친구하고 영화를 ( ).

① 본 적 있어요　　　　　　　② 봤다고 했어요
③ 보기로 했어요　　　　　　　④ 보기 어려워요

005

5 다음 두 문장을 바르게 연결한 것을 고르십시오.

> 밥을 먹었습니다. 도서관에 갔습니다.

❶ 밥을 먹고 도서관에 갔습니다.　　❷ 밥을 먹어서 도서관에 갔습니다.
❸ 밥을 먹으러 도서관에 갔습니다.　　❹ 밥을 먹을때 도서관에 갔습니다.

6 다음 (　　　)에 들어갈 말로 가장 알맞은 것을 고르십시오.

> 오늘부터 다이어트를 하려고 했는데, 어머니가 케이크를 사 오셨어요. 케이크가 너무 먹고 싶어서 다이어트는 내일부터 (　　　　　　　　　　). 케이크는 정말 맛있었어요.

❶ 하세요　　　　　　　　　　❷ 하기로 했어요
❸ 했겠어요　　　　　　　　　❹ 한 적이 있어요

7 다음을 읽고 (　　　)에 알맞은 것을 고르십시오.

> 가: 지금 뭐 해요?
> 나: 청소(　　　　　　　　　　). 왜요?
> 가: 같이 산책하러 갈래요?
> 나: 좋아요. 청소 다 하면 전화할게요.

❶ 할 줄 알아요　　　　　　　❷ 하고 있어요
❸ 하기로 해요　　　　　　　　❹ 한 적이 있어요

8 두 문장을 바르게 연결한 것을 고르십시오.

> 감기에 걸리면 따뜻한 물을 마십니다. 과일을 많이 먹습니다.

❶ 감기에 걸리면 따뜻한 물을 마시는데 과일을 많이 먹습니다.
❷ 감기에 걸리면 따뜻한 물을 마시니까 과일을 많이 먹습니다.
❸ 감기에 걸리면 따뜻한 물을 마시거나 과일을 많이 먹습니다.
❹ 감기에 걸리면 따뜻한 물을 마시지만 과일을 많이 먹습니다.

9 다음 빈칸에 알맞은 것을 고르십시오.

> 가: 방학이 되면 뭘 할 계획이에요?
> 나: _______________________________________.

❶ 아르바이트도 찾고 외국어 공부도 할 거예요
❷ 아르바이트를 찾는데 외국어 공부도 할 거예요
❸ 아르바이트를 찾지만 외국어 공부도 할 거예요
❹ 아르바이트를 찾아야 외국어 공부도 할 거예요

002

10 다음 (   )에 들어갈 말로 알맞지 않은 것을 고르십시오.

> 가: 주말에 어디에 갈까요?
> 나: 경주에 (   ).

❶ 가기로 했어요   ❷ 가고 싶어요
❸ 갈래요   ❹ 가 주세요

003

11 다음 (   )에 알맞은 것을 고르십시오.

> 가: 저기에서 자전거를 (   ) 사람을 알아요?
> 나: 글쎄요. 잘 모르겠는데요.

❶ 타는데   ❷ 타도 되는
❸ 타고 있는   ❹ 탈 때

004

12 다음 (   )에 들어갈 말로 가장 알맞은 것을 고르십시오.

> 가: 오후에 영화를 볼 거예요. 같이 볼래요?
> 나: 네, 저도 (   ).

❶ 안 봐요   ❷ 보십시오
❸ 보고 싶어요   ❹ 보지 마세요

003

13 (　　　　)에 알맞은 것을 고르십시오.

> 가: 시간이 있으면 뭘 해요?
> 나: 책을 (　　　　　　　　　　　) 등산을 가요.

  ❶ 읽기로　　　　　　　　　　　　**❷** 읽으면
  ❸ 읽지만　　　　　　　　　　　　**❹** 읽거나　　　　　**001**

14 다음 (　　　　)에 알맞은 것을 고르십시오.

> 가: 요즘 뭐 해요?
> 나: 대학교에 가기 위해서 (　　　　　　　　　　　).

  ❶ 공부하고 있어요　　　　　　　　**❷** 공부한 적이 있어요
  ❸ 공부하기로 해요　　　　　　　　**❹** 공부할 줄 알아요　**004**

15 (　　　　)에 알맞은 것을 고르십시오.

> 가: 주말에 보통 무엇을 해요?
> 나: 집에서 (　　　　　　　　　　　) 음악을 들어요.

  ❶ 쉬러　　　　　　　　　　　　　**❷** 쉬거나
  ❸ 쉬기로　　　　　　　　　　　　**❹** 쉬지만　　　　　**001**

MEMO

UNIT **2**

문법 2 文法 2

–는 ★★★

I. 알아두기　用法の確認

		–(으)ㄴ	–는	–(으)ㄹ
동사 動詞	먹다	먹은	먹는	먹을
	만나다	만난	만나는	만날

		–(으)ㄴ
형용사 形容詞	작다	작은 가방
	크다	큰 모자

❶ 뒤에 나오는 명사를 수식할 때 사용한다.　後ろの名詞を修飾する時に使う。

> 例
> - 어제 만난 친구 이름이 뭐야?　昨日会った友達の名前は何？
> - 내일 먹을 음식을 미리 만들었어요.　明日食べる食べ物を事前に作りました。
> - 저기가 내가 자주 가는 미용실이야.　あそこが私がよく行く美容室だ。
> - 저는 긴 머리를 좋아해요.　私は長い髪が好きです。

주의사항 注意事項

- '있다, 없다'의 경우는 '–는'과 결합한다. '있다, 없다'の場合は'–는'と結合する。

  > 例 맛있는 음식이 먹고 싶어요. おいしい食べ物が食べたいです。
  >
  > 재미없는 영화는 보고 싶지 않아요. おもしろくない映画は見たくありません。

※ 다음 그림을 보고 '-는'를 사용하여 대화를 완성하십시오.

1) 가: 큰 모자를 ________________________ 사람이 누구예요?

　 나: 혜경이에요.

2) 가: 높은 구두를 ________________________ 사람이 누구예요?

　 나: 상희예요.

3) 가: 사진을 ________________________ 사람이 누구예요?

　 나: 승준이에요.

解答

1) 쓰고 있는   2) 신고 있는   3) 찍는

I. 알아두기　用法の確認

		–(으)ㄴ 것 같다	–는 것 같다	–(으)ㄹ 것 같다
동사 動詞	먹다	먹은 것 같다	먹는 것 같다	먹을 것 같다
	가다	간 것 같다	가는 것 같다	갈 것 같다

		–(으)ㄴ 것 같다	–(으)ㄹ 것 같다
형용사 形容詞	좋다	좋은 것 같다	좋을 것 같다
	싸다	싼 것 같다	쌀 것 같다

		인 것 같다	일 것 같다
명사+이다 名詞	학생	학생인 것 같다	학생일 것 같다
	친구	친구인 것 같다	친구일 것 같다

❶ 어떤 사실이나 상황을 근거로 추측할 때 사용한다.　ある事実や状況を根拠に推測する時に使う。

例　• 기분이 안 좋은 걸 보니까 친구랑 싸운 **것 같다**.
　　機嫌が良くないけれど(そこから察するに)友達と喧嘩したみたいだ。

　　• 하늘이 어두운 것을 보니까 비가 올 **것 같**아요.　空が暗いのを見ると雨が降りそうです。

　　• 두 사람이 같이 사는 것을 보니까 친한 친구**인 것 같**아요.
　　2人は一緒に住んでいるけれど(そこから察するに)親しい友達のようです。

❷ 생각이나 의견을 말할 때 사용한다.　考えや意見を述べる時に使う。

例　• 오늘은 정말 더**운 것 같**아요.　今日は本当に暑いと思います。

　　• 그 영화가 정말 재미있**는 것 같**아요.　その映画は本当におもしろいと思います。

주의사항　注意事項

　◆ '있다, 없다'는 동사처럼 변한다.　'있다, 없다'は動詞のように変わる。

例　이 식당은 언제나 맛있**는 것 같**아요.(O) この食堂はいつでもおいしいと思います。

　　이 식당은 언제나 맛있은 것 같아요.(X)

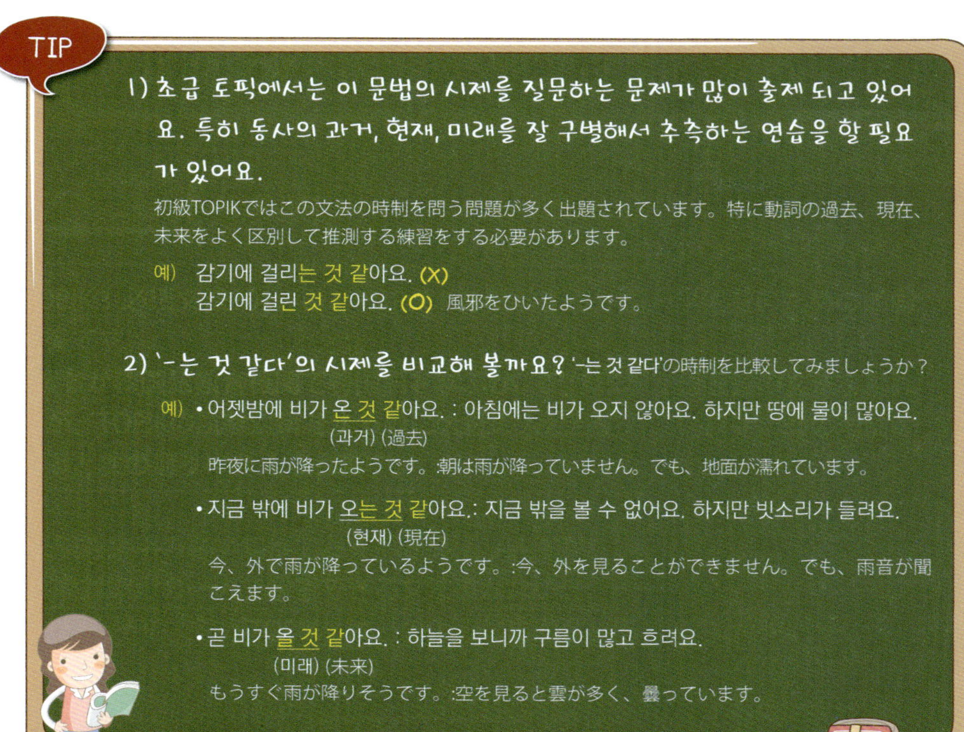

2. 연습하기   練習

※ 다음을 보고 '-는 것 같다'를 사용하여 알맞은 문장을 완성하십시오.

1) 가: 이 옷을 백화점에서 5,000원에 샀어요.

   나: 정말 _______________________________.

2) 가: 승준 씨 옆에 있는 여자가 누구지요?

   나: 두 사람이 손을 잡고 있는 걸 보니까 _______________________________.

3) 가: 옆 집이 왜 이렇게 시끄럽지요?

   나: 친구들과 파티를 _______________________________.

解答

1) 싼 것 같아요   2) 여자 친구인 것 같아요   3) 하는 것 같아요

Ⅰ. 알아두기   用法の確認

		–았/었는데	–는데
동사 動詞	먹다	먹**었는데**	먹**는데**
	가다	갔**는데**	가**는데**
형용사 形容詞	작다	작았**는데**	작**은데**
	크다	컸**는데**	큰**데**

		이었는데/였는데	인데
명사+이다 名詞	선생님	선생님**이었는데**	선생님**인데**
	친구	친구**였는데**	친구**인데**

❶ 선행절과 후행절에 서로 대립되는 내용이 올 때 사용한다.

先行節と後行節に互いに対立する内容が来る時に使う。

例
- 저는 사과는 좋아하**는데** 바나나는 싫어해요. 私はリンゴは好きですがバナナは嫌いです。
- 동생은 키가 **큰데** 형은 키가 작습니다. 弟(妹)は背が高いですが兄は背が低いです。

❷ 선행절이 후행절의 상황적 배경이 될 때 사용한다.

先行節が後行節の状況的背景になる時に使う。

例
- 자고 있**는데** 전화가 왔어요. 寝ていたら電話が来ました。
- 이 영화를 지난주에 **봤는데** 재미있었어요. この映画を先週見たけど、おもしろかったです。

❸ 후행절의 행동의 원인이나 이유를 제시할 때 사용한다.

後行節の行動の原因や理由を提示する時に使う。

例
- 더**운데** 문 좀 열어 주세요. 暑いのですがドアをちょっと開けてください。
- 시끄러**운데** 소리 좀 낮춰 주세요. うるさいのですが音をちょっと低くしてください。

▶ '-는데'가 ❶의 대조의 의미로 사용될 때는 '-지만'[029]과 바꾸어 쓸 수 있다.

'-는데'が❶の対照の意味で使われる時は'-지만'と置き換えて使える。

> **例** ・저는 사과는 좋아하**는데** 바나나는 싫어해요.　私はリンゴは好きですがバナナは嫌いです
> 　　　= 저는 사과는 좋아하**지만** 바나나는 싫어해요.　私はリンゴは好きですがバナナは嫌いです。

▶ '-는데'가 ❸의 원인, 이유의 의미로 사용될 때는 '-(으)니까'[017]와 바꾸어 쓸 수 있다.

'-는데'が❸の原因、理由の意味で使われる時は'-(으)니까'と置き換えて使える。

> **例** ・다리가 아픈**데** 여기서 좀 쉽시다.　足が痛いのですがここでちょっと休みましょう。
> 　　　= 다리가 아프**니까** 여기서 좀 쉽시다.　足が痛いからここでちょっと休みましょう。

3. 연습하기　　練習

※ 다음을 보고 '-는데'를 사용하여 대화를 완성하십시오.

1) 가: 왜 옷을 안 사요?

　 나: 옷은 ＿＿＿＿＿＿＿＿＿＿＿ 가격이 너무 비싸요. (마음에 들다)

2) 가: 미영 씨, 그 영화 봤어요?

　 나: 네, 친구하고 같이 ＿＿＿＿＿＿＿＿＿ 정말 재미있었어요. (보다)

3) 가: 배가 ＿＿＿＿＿＿＿＿＿ 약 있어요? (아프다)

　 나: 여기 있어요.

> 解答
>
> 1) 마음에 드는데　　2) 봤는데　　3) 아픈데

009 못 ★★★

		못
동사 動詞	먹다	**못** 먹다
	가다	**못** 가다

❶ 어떤 일을 할 수 없다는 것을 나타낸다.　あることができないということを表わす。

> 例 ・가 : 스키 탈 수 있어요?　スキーすることができますか？
> 　　나 : 아니요, **못** 타요.　いいえ、できません。
> ・저는 우유를 **못** 마셔요.　私は牛乳が飲めません。
> ・오늘은 시간이 없어서 밥을 **못** 먹을 거예요.　今日は時間がなくてご飯が食べられないでしょう。

▶ 문법 '못'은 문법 '–지 못하다' **053** 로 바꿔 말할 수도 있다.

文法'못'は文法'– 지 못하다'に言い替えることもできる。

> 例 ・바빠서 밥을 **못** 먹었어요.　忙しくてご飯を食べられませんでした。
> 　　= 바빠서 밥을 먹**지 못했어요.**

 ▶ '못'과 '안' **016** 의 문법 비교　'못'と'안'の文法比較

'못'은 어떤 일을 할 수 있는 능력이 없다는 것을 나타낸다. 반면에 '안'은 말하는 사람이 어떤 일을 하려는 의지가 없다는 것을 나타낸다.

'못'はあることをする能力がないことを表わす。一方、'안'は話者があることをしようとする意志がないことを表わす。

> 例 ・저는 어려운 책을 **못** 읽어요. (책이 어려워서 (읽고 싶어도) 읽을 수 없다.)
> 　　私は難しい本が読めません。(本が難しくて(読みたくても)読むことはできない。)
> ・저는 어려운 책을 **안** 읽어요. (책을 읽을 수 있지만 읽고 싶지 않다.)
> 　　私は難しい本を読みません。(本を読むことはできるが読みたくない。)

※ 다음 그림을 보고 '못'을 사용하여 이야기를 완성하십시오.

제 친구가 프랑스 친구를 소개해 줬어요. 저는 프랑스어를 1) ______________________
(-아/어서) 그 프랑스 친구를 보고 그냥 웃었어요. 우리는 같이 떡볶이를 먹으러 갔는데 그 친구는 매운 음식을 2) ______________________ (-았/었어요). 떡볶이를 먹고 나서 수영을 하러 갔어요. 저는 수영을 3) ______________________ (-지만) 그 친구는 수영을 아주 잘했어요.

解答

1) 못 해서　　　2) 못 먹었어요　　　3) 못 하지만

–(스)ㅂ니다 ★★★

1. 알아두기　用法の確認

		–았/었습니다	–(스)ㅂ니다	–(으)ㄹ 겁니다
동사 動詞	먹다	먹었습니다	먹습니다	먹을 겁니다
	가다	갔습니다	갑니다	갈 겁니다
형용사 形容詞	작다	작았습니다	작습니다	작을 겁니다
	크다	컸습니다	큽니다	클 겁니다

		이었/였습니다	입니다	일 겁니다
명사+이다 名詞	선생님	선생님**이었습니다**	선생님**입니다**	선생님**일 겁니다**
	친구	친구**였습니다**	친구**입니다**	친구**일 겁니다**

❶ 정중한 표현으로 어떤 생각이나 사실을 말할 때 사용한다.
丁重な表現である考えや事実を述べる時に使う。

例 ・가 : 어디에 갑니까? どこに行きますか？
　　나 : 학교에 **갑니다**. 学校に行きます。

　・저는 회사원**입니다**. 私は会社員です。

　・어제는 날씨가 좋**았습니다**. 昨日は天気が良かったです。

주의사항 注意事項

　● 형용사의 경우 '–(으)ㄹ 겁니다'는 어떤 일이나 상태에 대한 추측을 나타낸다.
　　形容詞の場合 '–(으)ㄹ 겁니다'はあることや状態に対する推測を表わす。

　　例 가방이 무거울 **겁니다**. カバンが重いと思います。

※ 다음을 보고 '-(스)ㅂ니다'를 사용하여 문장을 완성하십시오.

1) 가: 지우개가 있습니까?

　　나: 아니요, _______________________. (없다)

2) 가: 무엇을 했습니까?

　　나: 책을 _______________________. (읽다)

3) 가: 승준 씨는 요즘 바쁠까요?

　　나: 네, _______________________. (바쁘다)

解答

1) 없습니다　　　2) 읽었습니다　　　3) 바쁠 겁니다

연습 문제 練習問題

1 다음 (   )에 들어갈 말로 가장 알맞은 것을 쓰십시오.

→ 저기에서 (   ) 사람이 승준 씨입니다.

006

2 다음 밑줄 친 부분에 알맞은 것을 고르십시오.

가: 혜경 씨가 아직 미국에 있어요?
나: 아니요. 이미 ________________________.

❶ 한국에 돌아올 것 같아요　　　　❷ 한국에 돌아온 것 같아요
❸ 한국에 돌아오려고 해요　　　　❹ 한국에 돌아오면 돼요

007

3 다음 (   )에 들어갈 말로 가장 알맞은 것을 고르십시오.

가: 무엇을 씁니까?
나: 편지를 (   ).

❶ 썼어요　　　　❷ 씁니다
❸ 쓸게요　　　　❹ 쓰십시오

010

4 다음 (   )에 들어갈 말로 가장 알맞은 것을 고르십시오.

가: 기다리는 사람이 많네요.
나: 네, 여기가 이 근처에서 제일 (   ) 식당이에요.
가: 그래요? 빨리 들어가요.

❶ 맛있게　　　　❷ 맛있는
❸ 맛있지만　　　　❹ 맛있으면

006

5 다음 글을 읽고 (   )에 알맞은 말을 쓰십시오.

> 제주도로 출장을 가려고 아침 일찍 공항에 갔다. 공항에는 사람이 많았다. 사람들이 모두
> 여행을 (   ).

007

6 다음 (   )에 들어갈 말로 가장 알맞은 것을 고르시오.

> 저는 요즘 여행을 자주 갑니다. 여행을 하면 (   ) 친구도 사
> 귈 수 있고 여러 가지 음식도 많이 먹을 수 있습니다.

❶ 새로우면　　　　　　　　　　❷ 새로울

❸ 새롭거든　　　　　　　　　　❹ 새로운

006

7 다음 (   )에 들어갈 말로 가장 알맞은 것을 고르십시오.

> 가: 매일 운동을 합니까?
> 나: 아니요, 매일 (   ).

❶ 운동하지 않았어요　　　　　　❷ 운동하지 마십시오

❸ 운동하기 시작했어요　　　　　❹ 운동하지 않습니다

010

8 다음 (   )에 들어갈 말로 가장 알맞은 것을 고르십시오.

> 가: 이 옷이 동생에게 맞을까요?
> 나: 아마 동생에게 (   ).

❶ 클 겁니다　　　　　　　　　　❷ 컸습니다

❸ 크십시오　　　　　　　　　　❹ 크세요

010

연습 문제 練習問題

9 두 문장을 바르게 연결한 것을 고르십시오.

> 춥습니다. 문을 좀 닫아 주십시오.

❶ 추운데 문을 좀 닫아 주십시오.
❷ 춥거나 문을 좀 닫아 주십시오.
❸ 춥지만 문을 좀 닫아 주십시오.
❹ 춥다고 해도 문을 좀 닫아 주십시오.

008

10 (   )에 알맞은 것을 고르십시오.

> 가: 어제 친구 잘 만났어요?
> 나: 아니요, 일이 있어서 (   ).

❶ 만날 수 없어요 ❷ 안 만나요
❸ 못 만났어요 ❹ 만날 줄 몰랐어요

009

11 다음 두 문장을 바르게 연결한 것을 고르십시오.

> 지금 백화점에 갑니다. 같이 쇼핑할래요?

❶ 지금 백화점에 가 보니까 같이 쇼핑할래요?
❷ 지금 백화점에 가고 같이 쇼핑할래요?
❸ 지금 백화점에 가는데 같이 쇼핑할래요?
❹ 지금 백화점에 갔지만 같이 쇼핑할래요?

008

12 (   )에 알맞은 것을 고르십시오.

> 가: 자주 운동을 하세요?
> 나: 아니요, 자주 (   ).

❶ 하세요 ❷ 못 해요
❸ 하더든요 ❹ 안 합시다

009

13 다음 (　　　)에 알맞은 말을 고르십시오.

> 가: 어디가 아파요?
> 나: 배가 (　　　　　　　　　　) 약 좀 주세요.

❶ 아프고　　　　　　　　　　　❷ 아파서
❸ 아픈데　　　　　　　　　　　❹ 아프지만　　　**008**

14 다음 (　　　)에 알맞은 것을 고르십시오.

> 가: 아직 출발 안 했어요?
> 나: 네. 일이 있어서 (　　　　　　　　). 한 시간 후에 갈 거예요.

❶ 출발하려고 해요　　　　　　　❷ 출발 못 했어요
❸ 출발하고 말았어요　　　　　　❹ 출발할 줄 몰라요　　　**009**

15 다음 (　　　)에 알맞은 것을 고르십시오.

> 가: 지하철을 타는 것이 택시보다 빠르겠지요?
> 나: 네. 퇴근시간이니까 (　　　　　　　　　　　).

❶ 택시보다 지하철이 빨랐어요
❷ 택시가 가장 빠르니까 택시를 타세요
❸ 택시와 지하철 중에 택시가 빨라요
❹ 택시보다 지하철이 빠를 것 같아요　　　**007**

UNIT 3

문법 3 文法 3

–아/어도 되다 ★★★

  用法の確認

		–아/어도 되다
동사 動詞	먹다	먹**어도 되다**
	가다	가**도 되다**
	하다	해**도 되다**
형용사 形容詞	작다	작**아도 되다**
	크다	커**도 되다**

		이어/여도 되다
명사+이다 名詞	학생	학생**이어도 되다**
	교사	교사**여도 되다**

❶ 어떤 일을 허락하거나 상황이 괜찮을 때 사용한다. あることを許可する、又は大丈夫な状況の時に使う。

例
- 가: 여기에서 담배를 피워**도 될까요**? ここでタバコを吸ってもかまわないでしょうか？
  나: 여기에서는 담배를 피우면 안 돼요. ここではタバコを吸ってはいけません。
- 가: 야구하려면 키가 커야겠지요? 野球するには背が高くなければならないでしょう？
  나: 아니에요, 키가 작**아도 돼요**. いいえ、背が低くてもかまいません。

  チェックポイント

▶ '–아/어도 되다'는 '–아/어도 좋다/괜찮다/상관없다'와 바꾸어 사용할 수 있다.
  '–/어도 되다'は'–/어도 좋다/괜찮다/상관없다'と置き換えて使うことができる。

例
- 먹**어도 돼요**. 食べてもかまいません。
  = 먹어도 좋아요.
  = 먹어도 괜찮아요.
  = 먹어도 상관없어요.

'-아/어도 되다'와 '-(으)면 안 되다' ⑳의 문법 비교 '-아/어도 되다'と'-(으)면 안 되다'の文法比較

'-아/어도 되다'는 어떤 일을 허락할 때 사용하지만 '-(으)면 안 되다'는 어떤 일을 허락하지 않거나 금지할 때 사용한다.
'-아/어도 되다'はあることを許可する時に使うが'-(으)면 안 되다'はあることを許可しないか禁止する時に使う。

例 • 여기에서 담배를 피**워도 돼요**. ここでタバコを吸ってもかまいません。

⇔ 여기에서 담배를 피우면 안 돼요. ここでタバコを吸ってはいけません。

unit 3
문법 3

3. 연습하기   練習

※ 다음을 보고 '-아/어도 되다'를 사용하여 대화를 완성하십시오.

1) 가: 여기에서 사진을 찍을 수 있어요?

　나: 네. ＿＿＿＿＿＿＿＿＿＿＿＿＿.

2) 가: 지금 화장실에 가도 돼요?

　나: 네. ＿＿＿＿＿＿＿＿＿＿＿＿＿.

3) 가: 좋은 식당이 있는데 좀 멀어요.

　나: 괜찮아요. ＿＿＿＿＿＿＿＿＿＿＿.

> 解答
>
> 1) 사진을 찍어도 돼요 　　 2) 가도 돼요 　　 3) 멀어도 돼요

–아/어 보다 ★★★

1. 알아두기
用法の確認

		–아/어 보다
동사 動詞	가다	가 **보다**
	먹다	먹**어 보다**
	요리하다	요리**해 보다**

1 경험을 나타낼 때 사용한다. 経験を表わす時に使う。

例 ▶ · 가: 왕준 씨는 고향에서 한국 음식을 먹**어 봤**어요?
　　　ワン・ジュンさんは故郷で韓国料理を食べましたか？

　　나: 아니요, 못 먹**어 봤**어요. いいえ、食べることができませんでした。

　　· 저는 제주도에 가 **봤**어요. 私は済州道に行ってみました。

2 시도를 나타낼 때 사용한다. 試みを表わす時に使う。

例 ▶ · 김치를 한번 만들**어 보**세요. キムチを一度作ってみてください。

　　· 주말에 한강 공원에 **가 보**니까 사람이 정말 많았어요.
　　週末に漢江公園に行ってみたら人が本当に多かったです。

　　· 아침에 조깅을 **해 보**세요. 건강에 아주 좋아요.

　　朝、ジョギングをしてみてください。健康にとても良いです。

2. 더 알아두기
チェックポイント

▶ '–아/어 보다'가 **1**의 의미일 때 '–은/는 적이 있다/없다' ⁰²⁶ 와 바꾸어 쓸 수 있다.
'–아/어 보다'가 **1**의 意味の時、'–은/는 적이 있다/없다'と置き換えて使える。

例 ▶ · 부산에 가 **봤**어요. 釜山に行ってみました。

　　 = 부산에 간 적이 있어요.

※ 다음 대화를 완성하십시오.

1) 가: _________________________? (번지점프를 하다)

  나: 네, _________________________.

2) 가: _________________________? (김밥을 만들다)

  나: 네, _________________________.

3) 가: _________________________? (놀이공원에 가다)

  나: 아니요, _________________________.

unit 3
문법 3

1. 알아두기　用法の確認

		–아/어서
동사 動詞	가다	가**서**
	먹다	먹**어서**
	하다	**해**
형용사 形容詞	크다	커**서**
	작다	작**아서**

① 이유를 나타낼 때 사용한다. 理由を表わす時に使う。

例
- 날씨가 더**워서** 시원한 음료수가 제일 많이 팔려요. 天気が暑いので冷たい飲み物が一番多く売れています。
- 어제는 너무 바빠**서** 점심도 먹지 못했어요. 昨日はとても忙しくてお昼も食べられませんでした。

② 순서를 나타낼 때 사용한다. 順序を表わす時に使う。

例
- 도서관에 가**서** 책을 빌려 왔어요. 図書館に行って本を借りてきました。
- 친구를 만나**서** 같이 백화점에 갔어요. 友達に会って一緒にデパートに行きました。

2. 더 알아두기　チェックポイント

▶ **'–아/어서'와 '–(으)니까'** [017] **의 문법 비교** '–아/어서'と'–으니까'の文法比較

①의 의미의 '–아/어서'와 '–으니까'는 모두 후행절에 대한 이유를 나타내는 표현이다.
❶の意味の'–아/어서'と'–(으)니까'は全て後行節に対する理由を表わす表現だ。

②의 의미의 '–아/어서'와 '–고'는 순서를 나타내는 문법이다. 그런데 두 문법은 아래와 같은 차이가 있다.
❷の意味の'–아/어서'と'– 고'は順序を表わす文法だ。しかし、2つの文法は下記のような違いがある。

例
- 추**우니까** 옷을 많이 입으세요.(O) 寒いから服をたくさん着てください。
- 추**워서** 옷을 많이 입으세요.(X)

또한 '-아/어서'는 과거를 나타내는 문법 '-았/었-'057과 함께 사용할 수 없는 것과 달리, '-(으)니까'는 문법 '-았/었-'과 함께 사용할 수 있다.

例 ・사람이 많았**으니까** 많이 기다렸어요.(O) 人が多かったのでたくさん待ちました。

사람이 많았어서 많이 기다렸어요.(X)

→ 사람이 많**아서** 많이 기다렸어요. (O)

▶ '-아/어서'와 '-고'002의 문법 비교(p.19) '-아/어서'と'-고'の文法比較

3. 연습하기   練習

※ 다음을 보고 '-아/어서'를 사용하여 대화를 완성하십시오.

1) 가: 왜 학교에 늦었어요?

　나: _______________________. (늦잠을 자다)

2) 가: 왜 한국어를 배워요?

　나: _______________________. (한국 대학교에 다니고 싶다)

3) 가: 어제 뭐 했어요?

　나: _______________________ 책을 샀어요. (서점에 가다)

解答

1) 늦잠을 자서 늦었어요.　　2) 한국 대학교에 다니고 싶어서 한국어를 배워요　　3) 서점에 가서

014 –아/어야 하다 ★★★

		–아/어야 하다
동사 動詞	먹다	먹**어야 하다**
	가다	가**야 하다**
	공부하다	공부**해야 하다**
형용사 形容詞	좋다	좋**아야 하다**
	싸다	싸**야 하다**

		이어/여야 하다
명사+이다 名詞	모델	모델**이어야 하다**
	의사	의사**여야 하다**

❶ 어떤 일을 하는 것이나 상태가 꼭 필요할 때 사용한다.

あることをすることや状態が必ず必要な時に使う。

> 例　• 오늘은 일찍 집에 가**야 해요**.　今日は早く家に帰らなければなりません。
>
> • 다른 나라에 가면 그 나라의 문화를 잘 알**아야 해요**.
>   他の国に行けば、その国のその文化をよく知らなければなりません。
>
> • 우리 집은 가족이 많으니까 넓은 집**이어야 해요**.
>   我が家は家族が多いから、広い家でなければなりません。

2. 더 알아두기　チェックポイント

▶ '–아/어야 하다'는 '–아/어야 되다' **047**와 바꾸어 사용할 수 있다.

'–아/어야 하다'は'– 아/어야 되다'と置き換えて使うことができる。

> 例　• 내일 공항에 가야 해요.　明日、空港に行かなければなりません。
>   = 내일 공항에 가야 돼요.

3. 연습하기　練習

※ 다음을 보고 '–아/어야 하다'를 사용해서 다음 문장을 완성하십시오.

1) 학생이니까 열심히 _________________________. (공부하다)

2) 건강해지려면 반드시 _________________________. (운동하다)

3) 오늘 등산을 하려면 날씨가 _________________________. (좋다)

> 解答
>
> 1) 공부해야 해요　　2) 운동해야 해요　　3) 좋아야 해요

015 –아/어 주다 ★★★

		–아/어 주다
동사 動詞	읽다	읽**어 주다**
	사다	사 **주다**
	청소하다	청소**해 주다**

❶ 다른 사람을 위해서 어떤 행동을 할 때 사용한다. 他の人のためにある行動をする時に使う。

> 例　• 어제는 1시간 동안 동생에게 책을 읽**어 주었습니다**.
> 　　　昨日は1時間の間、弟(妹)に本を読んであげました。
>
> 　　• 커피 좀 사 **주**세요.　ちょっとコーヒー買ってください。
>
> 　　• 가: 숙제가 너무 어려워요.　宿題がとても難しいです。
> 　　　나: 제가 도**와줄**까요?　私が手伝いましょうか？

※ 다음 그림을 보고 '–아/어 주세요'를 사용하여 대화를 완성하십시오.

1)

가: 더운데 에어컨 좀 _________________.

나: 네, 잠깐만 기다리세요.

2)

가: 이 돈을 모두 모두 한국 돈으로 바꿔드릴까요?

나: 네, 모두 _________________.

3)

가: 죄송하지만 사진 좀 _________________.

나: 네, 여기를 누르면 되지요?

1) 켜 주세요   2) 바꿔 주세요   3) 찍어 주세요

'-아/어 주다'는 '-아/어 주세요' 형태로 무엇을 부탁할 때의 상황이 문제에 자주 나와요. 듣기나 읽기 문제에서 '-아/어 주세요'라고 말한 후 들은 사람이 어떤 행동을 할지를 묻는 문제가 자주 출제됩니다. 부탁을 들은 사람이 어떻게 행동할지 고를 수 있어야겠지요?

'-아/어 주다'は'-아/어 주세요'の形で何かをお願いする時の状況が問題によく出ます。聴解や読解の問題で'-아/어 주세요'と言った後、聴者がどんな行動をとるのかを問う問題がよく出題されます。依頼された人がどのように行動するのか選ぶことができなければなりません。

ちょっと写真撮ってください。

包装してください。

ちょっとボールペン貸して。

アイスクリーム買って
ください。

ちょっと手伝ってください。

ちょっとエアコンつけて
ください。

연습 문제 練習問題

1 다음 (   )에 들어갈 말로 가장 알맞은 것을 고르십시오.

> 가: 여기서 드실 거예요?
> 나: 아니요. (   ).

❶ 포장해 주세요　　　　　　❷ 포장하거든요

❸ 포장해도 돼요　　　　　　❹ 포장해 보세요　　　**015**

2 다음 빈칸에 알맞은 것을 고르십시오.

> 가: 요즘 열심히 공부하는 것 같아요.
> 나: 네, 곧 시험이니까 열심히 _______________________ .

❶ 공부하세요　　　　　　❷ 공부해야 해요

❸ 공부할 것 같아요　　　　❹ 공부했어야 해요　　　**014**

3 두 문장을 바르게 연결한 것을 고르십시오.

> 요리를 했어요. 식탁 위에 놓았습니다.

❶ 요리를 해서 식탁 위에 놓았습니다.

❷ 요리를 하거나 식탁 위에 놓았습니다.

❸ 요리를 하러 식탁 위에 놓았습니다.

❹ 요리를 하지만 식탁 위에 놓았습니다.　　　**013**

4 (   )에 알맞은 것을 고르십시오.

> 가: 민호 씨, 남대문 시장에 (   )?
> 나: 네. 지난 주말에 갔다 왔어요.

❶ 갈까요　　　　　　❷ 가 봤어요

❸ 가도 돼요　　　　　❹ 가고 있어요　　　**012**

연습 문제 練習問題

5 (   )에 가장 알맞은 것을 고르십시오.

> 가: 오늘 수업 끝나고 영희 씨 집에 (   )?
> 나: 네, 좋아요. 같이 가요.

❶ 가도 돼요　　　　　　　❷ 가지 마세요
❸ 가 보세요　　　　　　　❹ 가지 않아요

011

6 (   )에 가장 알맞은 것을 고르십시오.

> 가: 죄송한데, 여기 (   )?
> 나: 네, 괜찮아요. 앉으세요.

❶ 앉지 말아요　　　　　　❷ 앉아 있어요
❸ 앉아도 돼요　　　　　　❹ 앉아야 해요

011

7 (   )에 가장 알맞은 것을 고르십시오.

> 가: 승준 씨, 저 식당이 유명한데 가 본 적이 있어요?
> 나: 아직 (   ). 그런데 음식 값은 어때요?

❶ 못 갈 거예요　　　　　　❷ 안 가거든요
❸ 못 가 봤어요　　　　　　❹ 가 봤어요

012

8 (   )에 알맞은 것을 고르십시오.

> 가: 농구를 했어요?
> 나: 아니요, 비가 (   ) 농구를 못 했어요.

❶ 오고　　　　　　　　　　❷ 오러
❸ 와서　　　　　　　　　　❹ 오지만

013

9 (   )에 가장 알맞은 것을 고르십시오.

> 가: 이 과자 맛있겠어요. (   )?
> 나: 네, 드세요.

❶ 먹지 마세요　　　　　　　　　❷ 먹기로 했어요
❸ 먹게 돼요　　　　　　　　　　❹ 먹어도 돼요

011

10 두 문장을 바르게 연결한 것을 고르십시오.

> 매일 운동을 합니다. 건강합니다.

❶ 매일 운동을 해서 건강합니다.
❷ 매일 운동을 하거나 건강합니다.
❸ 매일 운동을 하면서 건강합니다.
❹ 매일 운동을 하려고 건강합니다.

013

11 다음 (   )에 알맞은 것을 고르십시오.

> 메모를 하면 (   ) 것을 잊어버리지 않을 수 있다.

❶ 해 볼　　　　　　　　　　　　❷ 해야 할
❸ 해 보면　　　　　　　　　　　❹ 해도 될

014

12 다음 (   )에 들어갈 말로 가장 알맞은 것을 고르십시오.

> 가: 이 문제는 어려워서 못 풀겠어요.
> 나: 제가 (   )

❶ 가르쳐 드리세요.　　　　　　❷ 가르쳐 줄까요?
❸ 가르칠래요?　　　　　　　　❹ 가르쳐 보세요.

015

연습 문제 練習問題

13 다음 글을 읽고 (   )에 알맞은 말을 쓰십시오.

> 　다른 나라를 여행할 때 우리가 (   ) 할 것에는 무엇이 있을
> 까? 우선, 다른 나라의 문화를 미리 알아야 한다. 하면 안 되는 행동과 해도 되는 일이 무엇인
> 지 알고 여행을 하면 실수를 하지 않을 수 있다.

014

14 다음 (   )에 들어갈 말로 가장 알맞은 것을 고르십시오.

> 가: 필통을 안 가져왔는데 볼펜 좀 (   ).
> 나: 네, 이거 쓰세요.

❶ 빌려 봤어요　　　　　　　　❷ 빌려 보세요
❸ 빌려 줄게요　　　　　　　　❹ 빌려 주세요

015

15 (   )에 알맞은 것을 고르십시오.

> 가: 이 그릇을 혜경 씨가 만들었어요? 정말 예쁘네요.
> 나: 고마워요. 상희 씨도 한번 (   ).

❶ 배울게요　　　　　　　　❷ 배워 보세요
❸ 배워야 해요　　　　　　　　❹ 배우려고 해요

012

UNIT 4

문법 4 文法 4

1. 알아두기　用法の確認

		안
동사 動詞	먹다	**안** 먹다
	가다	**안** 가다
형용사 形容詞	작다	**안** 작다
	크다	**안** 크다

① 어떤 행동이나 상태를 부정할 때 사용한다.　ある行動や状態を否定する時に使う。

> 例　• 가: 아침을 먹었어요?　朝ご飯を食べましたか？
> 　　나: 아니요, **안** 먹었어요.　いいえ、食べていません。
> 　　• 가: 주말에 여행을 가요?　週末に旅行に行きますか？
> 　　나: 아니요, **안** 가요.　いいえ、行きません。

주의사항　注意事項

- ‘명사+하다’ 동사의 경우에는 명사와 ‘하다’ 사이에 ‘안’을 쓴다.
  ‘名詞+하다’動詞の場合には‘안’は名詞と‘하다’の間に入る。

  例　청소 안 했어요. (O)　掃除しませんでした。
  　　안 청소 했어요. (X)

2. 더 알아두기　チェックポイント

▶ ‘안’은 ‘-지 않다’ⓞ54와 바꾸어 사용할 수 있다.　‘안’は‘-지 않다’と置き換えて使うことができる。

> 例　• 지금 **안** 잘 거예요.　今、寝ていないでしょう。
> 　　= 지금 자**지 않**을 거예요.

3. 연습하기　　　練習

※ 다음을 보고 '안'을 사용하여 대화를 완성하십시오.

1) 가: 서울에 살아요?

　나: 아니요, 서울에 ___________________________.

2) 가: 어제 친구를 만났어요?

　나: 아니요, ___________________________.

3) 가: 내년에 한국어를 배울 거예요?

　나: 아니요, ___________________________.

解答

1) 안 살아요　　2) 안 만났어요　　3) 안 배울 거예요

1. 알아두기   用法の確認

		-았/었으니까	-(으)니까
동사 動詞	먹다	먹**었으니까**	먹**으니까**
	가다	**갔으니까**	가**니까**
	공부하다	공부**했으니까**	공부하**니까**
형용사 形容詞	작다	작**았으니까**	작**으니까**
	크다	**컸으니까**	크**니까**

		이었/였으니까	(이)니까
명사+이다 名詞	학생	학생**이었으니까**	학생**이니까**
	교사	교사**였으니까**	교사**니까**

❶ 후행절에 대한 이유나 원인을 나타낸다. 後行節に対する理由や原因を表わす。

> 例　• 가: 냉면을 먹을까요? 冷麺を食べましょうか？
> 　　　나: 추우**니까** 따뜻한 음식을 먹읍시다. 寒いから暖かい食べ物を食べましょう。
> 　　• 가: 아직 회사 생활이 익숙하지 않아서 자주 실수를 해요.
> 　　　　まだ会社生活に慣れなくてよくミスをします。
> 　　　나: 처음**이니까** 그럴 수도 있죠. 初めてだからそんなこともあるでしょう。
> 　　• 세일을 하**니까** 백화점에 갈까요? セールをしているからデパートに行きましょうか？

2. 더 알아두기   チェックポイント

 ▶ '-(으)니까'와 '-아/어서' ⑬의 문법 비교(p.48) '-(으)니까'と'-아/어서'の文法比較

※ 다음 그림을 보고 '-(으)니까'를 사용하여 대화를 완성하십시오.

1)

가: 오늘 영화를 볼까요?

나: _________________________ 도서관에
　　갑시다.

2)

가: 우리 어떻게 갈까요?

나: _________________________ 지하철을
　　탈까요?

3)

가: 뭘 먹으면 좋을까요?

나: _________________________ 삼계탕이 어때요?

解答

1) 내일 시험을 보니까　　　2) 길이 막히니까　　　3) 여름이니까

018 -(으)러 ★★★

		-(으)러
동사 動詞	먹다	먹**으러**
	사다	사**러**

❶ 어떤 일을 하는 목적을 나타낸다.　あることをする目的を表わす。

例
- 가 : 왜 한국에 왔어요?　韓国になぜ来ましたか？
  나 : 한국어를 배**우러** 왔어요.　韓国語を学びに来ました。
- 지금 저녁을 먹**으러** 식당에 갈 거예요.　今、夕食を食べに食堂に行きます。
- 우리 농구하**러** 갈까요?　バスケットボールしに行きましょうか？

주의사항　注意事項

- '-(으)러'의 뒤에는 '가다, 오다, 다니다' 등의 이동을 나타내는 동사만 사용할 수 있다.
  '-(으)러'の後には'가다, 오다, 다니다'などの移動を表わす動詞だけ使うことができる。

  例 친구 생일 선물을 사러 백화점에 가요. (O) 友達の誕生日プレゼントを買いにデパートに行きます。
  친구 생일 선물을 사러 돈을 모았어요. (X)

▶ '-(으)러'와 '-(으)려고' **019**의 문법 비교　'-(으)러'と'-(으)려고'の文法比較

'-(으)러'는 뒤에 '가다, 오다, 다니다' 등의 이동을 나타내는 동사만 사용할 수 있지만 '-(으)려고'의 뒤에는 모든 동사를 사용할 수 있다.
'-(으)러'は後に'가다, 오다, 다니다'などの移動を表わす動詞だけ使用できるが'-(으)려고'の後にはすべての動詞を使うことができる。

例
- 산책을 하**러** 공원에 가요. (O) 散歩をしに公園に行きます。
  산책을 하**려고** 공원에 가요. (O)
- 한국어를 공부하**러** 이 사전을 샀어요. (X)
  한국어를 공부하**려고** 이 사전을 샀어요. (O) 韓国語を勉強しようと思ってこの辞書を買いました。

'-(으)러'의 뒤에는 모든 형태의 문장이 올 수 있지만, '-(으)려고'의 뒤에는 '-(으)ㅂ시다'[035], '-(으)ㄹ까요'[027], '-(으)세요'[025]의 형태는 올 수 없다.

'-(으)러'の後にはすべての形の文が来ることができるが、'-(으)려고'の後には'-(으)ㅂ시다'、'-(으)ㄹ까요'、'-(으)세요'の形は来ることができない。

例 ・시간이 있으면 영화 보**러** 극장에 갑시다. (O) 時間があれば映画見に劇場に行きましょう。

시간이 있으면 영화 보**려고** 식당에 갑시다. (X)

3. 연습하기　　　練習

※ 다음을 보고 '-(으)러'를 사용하여 대화를 완성하십시오.

1) 가: 은행에 왜 갔어요?

　나: ________________________________ 은행에 갔어요. (돈을 찾다)

2) 가: 아까 혜경 씨가 왜 왔어요?

　나: ________________________________ 왔어요. (서류를 갖다 주다)

3) 가: 왜 대사관에 가요?

　나: ________________________________ 가요. (비자를 연장하다)

解答

1) 돈을 찾으러　　　2) 서류를 갖다 주러　　　3) 비자를 연장하러

019   –(으)려고 ★★★

		–(으)려고
동사 動詞	먹다	먹**으려고**
	가다	가**려고**

❶ 선행절의 행동이 후행절 행동의 의도나 목적을 나타낼 때 사용한다.
先行節の行動が後行節の行動の意図や目的を表わす時に使う。

> **例** ▶ ・가 : 어디에 가요? どこに行きますか？
> 　　　나 : 책을 빌리**려고** 도서관에 가요. 本を借りに図書館に行きます。
> ・여행을 가**려고** 아르바이트를 하고 있습니다. 旅行に行こうと思ってアルバイトをしています。

 ▶ '-(으)려고'와 '-(으)러' **018**의 문법 비교(p.66)   '-(으)려고'と'-(으)러'の文法比較

"

※ 다음 그림을 보고 '-(으)려고'를 사용하여 문장을 완성하십시오.

1)

도나 씨가 (   )
한국어를 공부하고 있어요.

2)

혜경 씨가 (   )
백화점에 가요.

3)

승준 씨가 (   )
식당에 왔어요.

解答

1) 대학교에 입학하려고   2) 치마를 사려고   3) 밥을 먹으려고

–(으)려고 하다 ★★★

1. 알아두기　用法の確認

		–(으)려고 하다
동사 動詞	먹다	먹으려고 하다
	가다	가려고 하다

❶ 계획을 말할 때 사용한다.　計画を述べる時に使う。

> 例
> - 가 : 주말에 뭐 할 거예요?　週末に何するんですか？
>   나 : 날씨가 좋으면 공원에 **가려고 해요**.　天気が良ければ公園に行こうと思います。
>
> - 저녁에 된장찌개를 만들**려고 해요**.　夕飯にテンジャンチゲを作ろうと思います。

❷ 어떤 일이 곧 일어날 것 같을 때 사용한다.　あることがまもなく起きそうな時に使う。

> 例
> - 가 : 버스가 떠나**려고 해요**.　バスが出発するところです。
>   나 : 우리 뛸까요?　走りましょうか？
>
> - 하늘을 보니까 비가 오**려고 합니다**.　空を見ると雨が降りそうです。

2. 연습하기　練習

※ 다음을 보고 '–(으)려고 하다'를 사용하여 문장을 완성하십시오.

1) 오늘부터 일찍 _______________________________. (자다)

2) 올해는 담배를 _______________________________. (끊다)

3) 주말에는 소설책을 _______________________________. (읽다)

> 解答
>
> 1) 자려고 해요　　　2) 끊으려고 해요　　　3) 읽으려고 해요

연습 문제 練習問題

1 다음 ( ) 안에 알맞은 것을 고르십시오.

> 오늘 저녁에는 친구를 ( ). 그 친구는 대학생 때 친하게 지낸 친구인데, 지금은 미국에서 유학 중입니다. 이번에 방학이라서 한국에 잠깐 들어왔습니다. 오랜만에 친구를 만나서 정말 기쁩니다.

❶ 만나기 쉽습니다   ❷ 만나십시오
❸ 만나면 됩니다   ❹ 만나려고 합니다 

020

2 다음 ( )에 들어갈 말로 가장 알맞은 것을 고르십시오.

> 가: 지금 바빠요?
> 나: ( ).

❶ 네, 바빠도 돼요   ❷ 아니요, 안 바빠요
❸ 네, 바쁘니까요   ❹ 아니요, 바쁜 것 같아요 

016

3 다음 ( ) 안에 알맞은 것을 고르십시오.

> 가: 아직 밥을 안 먹었어요?
> 나: 네, 바빠서 못 먹었어요. 일이 끝난 후에 ( ).

❶ 먹어 줄게요   ❷ 먹으려고 해요
❸ 먹어 보세요   ❹ 먹지 마세요 

020

4 두 문장을 바르게 연결한 것을 고르십시오.

> 책을 빌립니다. 도서관에 갑니다.

❶ 책을 빌리러 도서관에 갑니다.
❷ 책을 빌리지만 도서관에 갑니다.
❸ 책을 빌려서 도서관에 갑니다.
❹ 책을 빌리는데 도서관에 갑니다.

018

연습 문제 練習問題

5 두 문장을 바르게 연결한 것을 고르십시오.

> 시험이 있습니다. 도서관에 갑시다.

① 시험이 있지만 도서관에 갑시다.
② 시험이 있으려 도서관에 갑시다.
③ 시험이 있으면서 도서관에 갑시다.
④ 시험이 있으니까 도서관에 갑시다.

017

6 (   )에 알맞은 것을 고르십시오.

> 가: 지금 우체국에 가요?
> 나: 네, 부모님께 편지를 (   ) 우체국에 가요.

① 보내면　　　　　　　　② 보내러
③ 보내지만　　　　　　　④ 보내거나

018

7 두 문장을 바르게 연결한 것을 고르십시오.

> 우유를 삽니다. 슈퍼에 갔습니다.

① 우유를 사면서 슈퍼에 갔습니다.
② 우유를 사도 슈퍼에 갔습니다.
③ 우유를 사면 슈퍼에 갔습니다.
④ 우유를 사려고 슈퍼에 갔습니다.

019

8 다음 (   )에 들어갈 말로 가장 알맞은 것을 고르십시오.

> 가: 영화를 봐요?
> 나: (   ).

① 네, 영화가 있어요　　　　② 아니요, 영화를 안 봐요
③ 네, 영화예요　　　　　　④ 아니요, 영화가 아니에요

016

9 다음 두 문장을 바르게 연결한 것을 고르십시오.

일본에 가요. 비행기표를 샀어요.

❶ 일본에 가도 비행기표를 샀어요.
❷ 일본에 가지만 비행기표를 샀어요.
❸ 일본에 가러 비행기표를 샀어요.
❹ 일본에 가려고 비행기표를 샀어요.

019

10 (　　　)에 알맞은 것을 고르십시오.

가: 수업이 끝나고 뭐 할 거예요?
나: 요즘 입을 옷이 없어서 (　　　　　　　　) 백화점에 갈 거예요.

❶ 쇼핑하면　　　　　　　　　❷ 쇼핑하지만
❸ 쇼핑하니까　　　　　　　　❹ 쇼핑하러

018

11 (　　　)에 알맞은 것을 고르십시오.

가: 우리 언제 쇼핑하러 갈까요?
나: 주말에는 (　　　　　　　　) 월요일에 갑시다.

❶ 바빠서　　　　　　　　　　❷ 바쁘니까
❸ 바쁘지만　　　　　　　　　❹ 바쁘면서

017

12 다음 두 문장을 바르게 연결한 것을 고르십시오.

기차를 탑니다. 역에 왔습니다.

❶ 기차를 타려고 역에 왔습니다.
❷ 기차를 탔지만 역에 왔습니다.
❸ 기차를 타면서 역에 왔습니다.
❹ 기차를 타도 역에 왔습니다.

019

연습 문제 練習問題

13 다음 (　　　)에 들어갈 말로 가장 알맞은 것을 고르십시오.

> 가: 매일 산책해요?
> 나: (　　　　　　　　　　　).

❶ 네, 매일 산책해도 돼요
❸ 네, 매일 산책할 거예요

❷ 아니요, 매일 산책하지 마세요
❹ 아니요, 매일 산책 안 해요

016

14 (　　　)에 알맞은 것을 고르십시오.

> 가: 우리 버스를 타고 갈까요?
> 나: 아니요. 시간이 (　　　　　　　　) 택시를 탑시다.

❶ 없지만
❸ 없으니까

❷ 없어도
❹ 없으면서

017

15 다음 (　　　)에 알맞은 것을 고르십시오.

> 가: 여보세요. 미영 씨, 지금 어디예요?
> 나: 미안해요. 지금 버스터미널 앞인데 빨리 갈게요.
> 가: 빨리 오세요. 지금 버스가 (　　　　　　　　　).

❶ 출발하려고 해요
❸ 출발하지 마세요

❷ 출발한 적 있어요
❹ 출발해 보세요

020

–(으)면 ★★★

		–(으)면
동사 動詞	먹다	먹**으면**
	가다	가**면**
형용사 形容詞	작다	작**으면**
	예쁘다	예쁘**면**

		(이)면
명사+이다 名詞	학생	학생**이면**
	친구	친구**면**

❶ 선행절이 뒤의 내용에 대한 조건을 나타낼 때 사용한다.

先行節が後の内容に対する条件を表わす時に使う。

例
- 시험이 끝나**면** 여행가고 싶어요.　試験が終わったら旅行に行きたいです。
- 추우**면** 옷을 더 많이 입으세요.　寒かったらもっと服を着てください。
- 가: 시간이 정말 빠르네요.　時間が本当にはやいですね。
  나: 맞아요. 며칠 있**으면** 벌써 방학이네요.　そのとおりです。何日かすればもう学期休みですね。

※ 다음 그림을 보고 '-(으)면'을 사용하여 대화를 완성하십시오.

1)

가: 비가 올 때 뭐해요?
나: _________________ 집에서 책을 읽어요.

2)

가: 친구가 한국에 온다고 했지요?
나: 네, _______________ 같이 쇼핑할 거예요.

解答

1) 비가 오면　　2) 친구가 오면

unit 5
문법 5

1. 알아두기   用法の確認

		–(으)면 되다
동사 動詞	먹다	먹**으면 되다**
	가다	가**면 되다**

❶ 어떤 일을 하면 문제없이 괜찮다는 것을 나타낼 때 사용한다.
あることをすれば問題なく大丈夫だということを表わす時に使う。

例 ▸
- 가: 어디에서 기다리**면 돼요**?   どこで待てばいいですか？
- 나: 1층에서 기다리세요.   1階で待ってください。

- 가: 이 복사기를 어떻게 사용해요?   このコピー機はどうやって使いますか？
- 나: 여기를 누르**면 돼요**.   ここを押せばいいです。

TIP

'-(으)면 되다'와 형태가 비슷한 문법으로 '-아/어도 되다'와 '-(으)면 안 되다'가 있어요. 하지만 이 문법들은 형태는 비슷하지만 뜻은 달라요.
'-(으)면 되다'と形態が似た文法で'-아/어도 되다'と'-(으)면 안 되다'があります。
ですが、この文法は形態は似ていますが意味は違います。

▶ -(으)면 되다: 어떤 일을 하면 문제없이 괜찮다는 것을 나타낼 때 사용한다.
あることをすれば問題なく大丈夫だということを表わす時に使う。

例) 가: 명동에 가려면 어디서 내려야 해요?
明洞に行くにはどこで降りなければなりませんか？
나: 다음 정류장에서 내리**면 돼요**. 次の停留場で降りればいいです。

▶ -아/어도 되다 **011**: 어떤 상황에서 '허락'의 의미를 나타낼 때 사용한다.
ある状況で'許可'の意味を表わす時に使う。

例) 가: 여기서 사진을 찍어도 돼요? ここで写真を撮ってもかまいませんか？
나: 네, 사진을 찍**어도 돼요**. はい、写真を撮ってもかまいません。

▶ -(으)면 안 되다 **024**: 어떤 상황에서 '금지'의 의미를 나타낼 때 사용한다.
ある状況で'禁止'の意味を表わす時に使う。

例) 도서관에서는 큰 소리로 이야기하면 안 됩니다.
図書館では大きい声で話してはいけません。

※ 다음을 보고 '-(으)면 되다'를 사용하여 문장을 완성하십시오.

1) 다음 주까지 숙제를 _______________________. (끝내다)

2) 내일은 아침 10시에 _______________________. (나가다)

3) 샤워한 후에 이 옷을 _______________________. (입다)

解答

1) 끝내면 돼요　　　2) 나가면 돼요　　　3) 입으면 돼요

–(으)면서 ★★★

1. 알아두기   用法の確認

		–(으)면서
동사 動詞	먹다	먹**으면서**
	가다	가**면서**

❶ 두 가지 행동을 같은 시간에 할 때 사용한다.   2種類の行動を同じ時間にする時に使う。

> 例 • 숙제를 하**면서** 음악을 들어요.   宿題をしながら音楽を聞きます。
>
> • 노래를 부르**면서** 춤을 춥니다.   歌を歌いながら踊ります。
>
> • 버스를 기다리**면서** 문자 메시지를 보내요.   バスを待ちながらショートメールを送ります。

2. 더 알아두기   チェックポイント

▶ 형용사, 명사의 경우 두 가지 상황이나 조건이 동시에 존재할 때 사용한다.
形容詞、名詞の場合、2種類の状況や条件が同時に存在する時に使う。

> 例 • 우리 언니는 키가 크**면서** 날씬합니다.   うちの姉は背が高くてスリムです。
>
> • 우리 강아지는 가족이**면서** 친구예요.   私たちの子犬は家族であり友達です。
>
> • 승준 씨는 가수**면서** 배우예요.   スンジュンさんは歌手でありながら俳優です。

unit 5
문법 5

※ 다음 그림을 보고 '-(으)면서'를 사용하여 문장을 완성하십시오.

1)

남자가 ______________________________ 밥을
먹어요.

2)

여자가 ______________________________ 책을
읽어요.

3)

여자가 ______________________________ 친구

하고 이야기해요.

解答

1) 텔레비전을 보면서   2) 음악을 들으면서   3) 커피를 마시면서

024　–(으)면 안 되다 ★★★

1. 알아두기　用法の確認

		–으면 안 되다
동사 動詞	먹다	먹**으면 안 되다**
	가다	가**면 안 되다**
형용사 形容詞	작다	작**으면 안 되다**
	크다	크**면 안 되다**

❶ 금지의 뜻을 나타낼 때 사용한다.　禁止の意味を表わす時に使う。

例 ▶ ・여기에서 사진을 찍**으면 안 됩니다**.　ここで写真を撮ってはいけません。

・그 쪽으로 가**면 안 돼**.　向こう側に行ってはいけない。

・방이 더 작**으면 안 될** 것 같아요.　部屋がこれより小さくてはダメだと思います。

2. 더 알아두기　チェックポイント

▶ '–(으)면 안 되다'와 '–아/어도 되다' ⁰¹¹의 문법 비교(p.48)

'–(으)면 안 되다'と'–아/어도 되다'の文法比較

※ 다음을 보고 '-(으)면 안 되다'를 사용하여 문장을 완성하십시오.

1)

교실에서 ________________________________

____________________________________ .

2)

공원에서 ________________________________

____________________________________ .

3)

극장에서 ________________________________

____________________________________ .

解答

1) 음식을 먹으면 안 됩니다　　　2) 담배를 피우면 안 됩니다　　　3) 전화하면 안 됩니다

I. 알아두기   用法の確認

		–(으)세요
동사 動詞	읽다	읽**으세요**
	가다	가**세요**

❶ 다른 사람에게 어떤 일을 하라고 말할 때 사용한다.   他の人にあることをするように命じる時に使う。

例
- 집에 오면 손을 씻**으세요**.   家に帰ってきたら手を洗ってください。
- 수업이 끝나면 집으로 바로 가**세요**.   授業が終わったら、まっすぐ家に帰ってください。
- 오늘 우리 집에 놀러 오**세요**.   今日、うちに遊びにきてください。

❷ 어떤 행동이나 상태의 높임을 나타낸다.   ある行動や状態の尊敬表現を表わす。

例
- 할머니께서 식사를 준비하**세요**.   おばあさんが食事を準備なさいます。
- 아버지께서 지금 텔레비전을 보**세요**.   お父さんが今、テレビをご覧になっています。
- 선생님께서는 지금 식사하**세요**.   先生は今、お食事なさっています。

주의사항 注意事項

- ②의 뜻으로 '–(으)세요'를 사용하여 문장을 만들 때는 문장의 다른 부분도 모두 높이는 것이 좋다.
  ❷の意味で'–으세요'を使って文を作る時は文の他の部分も全て尊敬表現にした方が良い。

  例 할아버지가 책을 읽어요. おじいさんが本を読みます。

  → 할아버지**께서** 책을 읽**으세요**. おじいさんが本をお読みになっています。

- '먹다/마시다, 자다, 있다' 등의 동사는 '드세요, 주무세요, 계세요'로 사용해야 한다.
  '먹다/마시다, 자다, 있다'等の動詞は'드세요, 주무세요, 계세요'を使わなければならない。

  例 이 빵을 먹으세요. (X)

  이 빵을 **드세요**. (O) このパンを召し上がってください。

  할머니, 자세요. (X)

  할머니, **주무세요**. (O) おばあさん、お休みになってください。

  할아버지, 여기 잠깐 있으세요. (X)

  할아버지, 여기 잠깐 **계세요**. (O) おじいさん、ここに少しの間いらしてください。

▶ '-(으)세요'의 부정형은 '-지 마세요'이다.
'-(으)세요'の否定形は'- 지 마세요'だ.

> **例** ▶ • 비행기 안에서 전화를 하**지 마세요**. 飛行機の中で電話をしないでください。

▶ 반말을 할 때는 '-아/어'[100]를 사용한다.
パンマルを使う時は'-아/어'を使うことができる。

> **例** ▶ • 지현아, 빨리 학교에 **가**. ジヒョン、早く学校に行きなさい。

▶ '-(으)세요'는 격식체 '-(으)십시오'로 바꾸어 사용할 수 있다.
'-(으)세요'は格式体'-(으)십시오'に置き換えて使うことができる。

> **例** ▶ • 더 열심히 공부하**세요**. もっと一生懸命勉強してください。
> 　　　　= 더 열심히 공부하**십시오**.

3. 연습하기　　練習

※ 다음 그림을 보고 '-(으)세요'를 사용하여 문장을 완성하십시오.

1)

수업 시간에 ______________________
______________________________.

2)

곧 시험이니까 열심히 ______________
______________________________.

> **解答**
>
> 1) 잠을 자지 마세요　　　2) 공부하세요

연습 문제 練習問題

1 두 문장을 바르게 연결한 것을 고르십시오.

> 어려운 문제가 있습니다. 저에게 전화하세요.

❶ 어려운 문제가 있어서 저에게 전화하세요.
❷ 어려운 문제가 있는데 저에게 전화하세요.
❸ 어려운 문제가 있으면 저에게 전화하세요.
❹ 어려운 문제가 있고 저에게 전화하세요.

021

2 다음 (　　　) 안에 알맞은 것을 고르십시오.

> 가: 회사에 몇 시까지 가야 해요?
> 나: 9시까지 (　　　　　　　　　).

❶ 갈 수 있어요　　　　　　　❷ 갔어요
❸ 간 적 있어요　　　　　　　❹ 가면 돼요

022

3 다음 그림을 보고 (　　　)에 들어갈 말로 알맞은 것을 쓰십시오.

> 박물관에서 (　　　　　　　　　　　　) 안 됩니다.

021

4 두 문장을 바르게 연결한 것을 고르십시오.

> 커피를 마십니다. 친구와 이야기를 합니다.

❶ 커피를 마시니까 친구와 이야기를 합니다.
❷ 커피를 마셔서 친구와 이야기를 합니다.
❸ 커피를 마시면서 친구와 이야기를 합니다.
❹ 커피를 마셨지만 친구와 이야기를 합니다.

023

5 다음 그림을 보고 (　　　　)에 들어갈 말로 알맞은 것을 고르십시오.

여기에 쓰레기를 (　　　　　　　　　　　　) 안 됩니다.

❶ 버리면　　　　　　　　　　❷ 버리려고
❸ 버리거나　　　　　　　　　❹ 버리지

021

6 다음 (　　　　)에 알맞은 것을 고르십시오.

가: 민수 씨, 요즘 많이 바쁘다고 들었어요.
나: (　　　　　　　　　　　　) 공부하니까 정말 바쁘네요.

❶ 일하면서　　　　　　　　　❷ 일하지만
❸ 일해 보고　　　　　　　　　❹ 일해도

023

7 다음 밑줄 친 부분에 가장 알맞은 것을 고르십시오.

가: 청소는 다 했습니까?
나: 이제 화장실 청소만 ＿＿＿＿＿＿＿＿＿＿.

❶ 해 봅니다　　　　　　　　　❷ 한 것 같아요
❸ 하면 됩니다　　　　　　　　❹ 했습니다

022

8 (　　　　)에 알맞은 것을 고르십시오.

가: 비가 올 것 같은데 축구를 할 수 있을까요?
나: 비가 (　　　　　　　　　　) 영화를 보러 갑시다.

❶ 오지만　　　　　　　　　　❷ 오면서
❸ 오면　　　　　　　　　　　❹ 오고

021

9 다음 (   )에 알맞은 것을 고르십시오.

> 가: 지영 씨, 지금 뭐 해요?
> 나: 음악을 (   ) 공부하고 있어요.

❶ 들으니까　　　　　　　　　❷ 들으면
❸ 들을 때　　　　　　　　　　❹ 들으면서

023

10 다음 (   ) 안에 알맞은 것을 고르십시오.

> 가: 실례합니다. 근처에 우체국이 있어요?
> 나: 네, 쭉 가다가 이 길 끝에서 왼쪽으로 가세요. 은행이 보이면, 거기에서 길을 (   ).
> 가: 네, 감사합니다.

❶ 건널까요　　　　　　　　　❷ 건너면 돼요
❸ 건넜어요　　　　　　　　　❹ 건넌 것 같아요

022

11 다음 (   )에 들어갈 말로 가장 알맞은 것을 쓰십시오.

> 가: 여기에서 담배를 피워도 돼요?
> 나: 아니요, 여기에서 담배를 (   ).

024

12 다음 글을 읽고 (   )에 알맞은 말을 쓰십시오.

> 여러분은 (   ) 어떻게 합니까? 저는 따뜻한 차를 마시고 집에서 쉽니다. 그러면 몸이 편해지면서 감기가 낫습니다. 여러분도 한번 해 보세요.

021

연습 문제 練習問題

13 다음 빈칸에 알맞은 것을 고르십시오.

> 가: 늦게 일어났어요. 학교에 지각할 것 같아요.
> 나: 아직 시간이 있으니까 _______________________.

❶ 빨리 준비하세요
❷ 지각할 것 같아요
❸ 잠을 자는 게 어때요
❹ 지금 준비하려고 해요

14 다음 빈칸에 알맞은 것을 고르십시오.

> 가: 내일 몇 시에 출발해요?
> 나: 9시에 출발해요. 그러니까 8시 반까지 터미널로 _______________________.

❶ 왔어요
❷ 오세요
❸ 오니까요
❹ 오거든요

15 다음 밑줄 친 부분이 틀린 것을 고르십시오.

❶ 빨리 <u>주무세요</u>.
❷ 병원에 <u>가세요</u>.
❸ 빵을 <u>먹으세요</u>.
❹ 열심히 <u>공부하세요</u>.

–(으)ㄴ 적이 있다/없다 ★★★

1. 알아두기　用法の確認

		–(으)ㄴ 적이 있다/없다
동사 動詞	가다	간 적이 있다/없다
	먹다	먹은 적이 있다/없다

❶ 경험을 나타낼 때 사용한다.　経験を表わす時に使う。

> 例 ▶ • 아직 남대문 시장에 가 본 **적이 없습니다.**　まだ南大門市場に行ったことがありません。
>
> • 고향에서는 한국 음식을 먹은 **적이 없었어요.**　故郷では韓国料理を食べたことがありませんでした。
>
> • 유명한 사람을 만난 **적이 없어요.**　有名な人に会ったことがありません。

2. 더 알아두기　チェックポイント

▶ '–(으)ㄴ 적이 있다/없다'는 '–아/어 보다'와 자주 어울린다.
'(으)ㄴ 적이 있다/없다'は'아/어 보다'とよく一緒に使われる。

> 例 ▶ • 가: 한국에서 여행해 본 **적 있어요?**　韓国で旅行したことがありますか？
> 　　나: 네, 제주도에 가 봤어요.　はい、済州道に行きました。

▶ '–(으)ㄴ 적이 있다/없다'는 '–아/어 보다'와 바꾸어 쓸 수 있다.
'(으)ㄴ 적이 있다/없다'は'아/어 보다'と置き換えて使える。

> 例 ▶ • 부산에 간 **적이 있어요.**　釜山に行ったことがあります。
> 　　= 부산에 가 봤어요.

※ 다음을 보고 '-(으)ㄴ 적이 있다/없다'를 사용하여 대화를 완성하십시오.

1) 가: 고향에서 ___________________________? (김치를 먹다)

　　나: 네, ___________________________.

2) 가: 한국에서 ___________________________? (여행을 하다)

　　나: 아니요, ___________________________.

3) 가: 한국 음식을 ___________________________? (만들다)

　　나: 네, ___________________________.

unit **6**
문법 6

解答

1) 김치를 먹은 적이 있어요, 김치를 먹은 적이 있어요　　　2) 여행을 한 적이 있어요, 여행을 한 적이 없어요

3) 만든 적이 있어요, 만든 적이 있어요

-(으)ㄹ까요? ★★★

1. 알아두기　用法の確認

		-(으)ㄹ까요
동사 動詞	가다	갈까요
	먹다	먹을까요

❶ 어떤 일을 함께 하자는 의미를 나타낸다.　あることを一緒にしようという意味を表わす。

例
- 가: 이번 여름 휴가는 강원도로 **갈까요**?　この夏休みは江原道に行きましょうか？
  나: 강원도도 좋지만 제주도가 더 좋을 것 같아요.　江原道も良いですが済州道の方が良いと思います。

- 가: 우리 이제 **출발할까요**?　もう出発しましょうか？
  나: 네, 좋아요.　はい、いいです。

- 가: 오늘 점심 때는 삼계탕을 먹으러 **갈까요**?　今日の昼食は参鶏湯を食べに行きましょうか？
  나: 네, 삼계탕을 먹으러 갑시다.　はい、参鶏湯を食べに行きましょう。

❷ 추측의 의미를 나타낸다.　推測の意味を表わす。

例
- 가: 내일 비가 **올까요**?　明日雨が降るでしょうか？
  나: 네, 비가 올 것 같아요.　はい、雨が降りそうです。

- 가: 도나 씨가 지금쯤 **도착했을까요**?　ドナさんは今頃着いているでしょうか？
  나: 네, 그럴 것 같아요.　はい、着いていると思います。

2. 더 알아두기　チェックポイント

▶ **❶**의 의미의 '-(으)ㄹ까요?'로 질문한 경우, '-(으)ㅂ시다'**035**를 사용해서 대답하는 경우가 많다.
❶の意味の'-(으)ㄹ까요?'で質問した場合、'-(으)ㅂ시다'を使って答える場合が多い。

例
- 가: 주말에 같이 여행을 갈까요?　週末に一緒に旅行に行きましょうか？
  나: 좋아요. 같이 여행을 갑시다.　いいです。一緒に旅行に行きましょう。

▶ **❷**의 의미의 '-(으)ㄹ까요?'로 질문한 경우, '-(으)ㄹ 거예요'**058**, '-(으)ㄹ 것 같아요'**007**를 사용해서 대답하는 경우가 많다.
❷の意味の'-(으)ㄹ까요?'で質問した場合、'-(으)ㄹ 거예요'、'-(으)ㄹ 것 같아요'を使って答える場合が多い。

例
- 가: 지금 길이 많이 막힐까요?　今、すごく渋滞しているでしょうか？
  나: 네, 길이 많이 막힐 거예요.　はい、すごく渋滞しているでしょう。

※ 다음 그림을 보고 '-(으)ㄹ까요?'를 사용하여 대화를 완성하십시오.

1)

가: 우리 이번 주말에 _________________?

　　　　　　　　　　(영화 보다)

나: 네, _____________________.

2)

가: 날씨도 추운데 _____________________?

　　　　　　　　　　(차라도 마시다)

나: 네, _______________________.

3)

가: 내일도 날씨가 _______________?

　　　　　　　　　　(춥다)

나: 네, 내일도 _____________________.

unit 6
문법 6

解答

1) 영화를 볼까요, 영화를 봅시다　　　2) 차라도 마실까요, 차를 마십시다　　　3) 추울까요, 추울 거예요

–(으)ㄹ 수 있다/없다 ★★★

1. 알아두기   用法の確認

		–(으)ㄹ 수 있다/없다
동사 動詞	가다	갈 수 있다/없다
	먹다	먹을 수 있다/없다

1 능력을 나타낼 때 사용한다.   能力を表わす時に使う。

> 例
> - 도나 씨는 피아노를 칠 **수 없어요**.   ドナさんはピアノを弾くことができません。
> - 나는 강에서도 수영을 할 **수 있어요**.   私は川でも泳げます。
> - 저는 한국 음식을 만들 **수 없어요**.   私は韓国料理を作ることができません。

2 가능성을 나타낼 때 사용한다.   可能性を表わす時に使う。

> 例
> - 눈이 많이 오면 운전할 **수 없습니다**.   雪がたくさん降れば運転できません。
> - 일요일에는 소포를 보낼 **수 없어요**.   日曜日には小包を送ることができません。
> - 그렇게 하면 노트북이 고장 날 **수 있어요**.   そんな風にしたらノートパソコンが故障する可能性があります。

2. 더 알아두기   チェックポイント

▶ **'–(으)ㄹ 수 있다/없다'와 '–(으)ㄹ 줄 알다/모르다' 034의 문법 비교**

'–(으)ㄹ 수 있다/없다'と'–(으)ㄹ 줄 알다/모르다'の文法比較

어떤 일을 하는 방법을 알거나 모른다고 말할 때는 서로 바꿔 쓸 수 있지만 '–(으)ㄹ 수 있다/없다'가 **2**의 '가능'의 뜻으로 쓰일 때는 '–(으)ㄹ 줄 알다/모르다' 034와 바꿔 쓸 수 없다.

あることをする方法を知っている、又は知らないと話す時は互いに置き換えて使えるが'–(으)ㄹ 수 있다/없다'が**2**の'可能'の意味で使われる時は'–(으)ㄹ 줄 알다/모르다'と置き換えて使うことはできない。

> 例
> - 운전을 할 **줄 알아요**.   運転ができます。
>   = 운전을 할 **수 있어요**.
>
> - 저는 내일 만날 **수 있어요**.(○)   私は明日会えます。
>   저는 내일 만날 **줄 알아요**.(×)

※ 다음 그림을 보고 '-(으)ㄹ 수 있다/없다'를 사용하여 대화를 완성하십시오.

1)

가: 한국 노래를 부를 수 있어요?

나: ______________________________.

2)

가: 혼자 여행할 수 있어요?

나: ______________________________.

3)

가: 주말에도 수영장을 이용할 수 있어요?

나: ______________________________.

解答

1) 네, 한국 노래를 부를 수 있어요   2) 아니요, 혼자 여행할 수 없어요   3) 네, 수영장을 이용할 수 있어요

1. 알아두기　　用法の確認

		–았/었지만	–지만
동사 動詞	먹다	먹**었지만**	먹**지만**
	가다	**갔지만**	가**지만**
	공부하다	공부**했지만**	공부**하지만**
형용사 形容詞	작다	작**았지만**	작**지만**
	크다	**컸지만**	크**지만**

		이었/였지만	(이)지만
명사+이다 名詞	학생	학생**이었지만**	학생**이지만**
	교사	교사**였지만**	교사**지만**

❶ 선행절과 후행절의 내용이 서로 반대될 때 사용한다.
先行節と後行節の内容が互いに反対になる時に使う。

> **例** • 가 : 김치가 맵지요?　キムチが辛いですか？
>
> 　　나 : 맵**지만** 맛있어요.　辛いですがおいしいです。
>
> • 화가 **났지만** 참았어요.　腹が立ったがこらえました。
>
> • 두 사람은 쌍둥이**지만** 성격이 달라요.　2人は双子だが性格が違います。

2. 더 알아두기　　チェックポイント

▶ '–지만'을 사용한 문장은 '그렇지만/그러나/하지만'[098]을 사용하여 두 문장으로 만들 수 있다.
'–지만'を使った文章は'그렇지만/그러나/하지만'を使って2つの文にすることができる。

> **例** • 오후에는 더웠**지만** 밤에는 쌀쌀해졌어요.　午後は暑かったが夜には寒くなりました。
>
> 　　= 오후에는 더웠어요. **그렇지만** 밤에는 쌀쌀해졌어요.
>
> 　　= 오후에는 더웠어요. **그러나** 밤에는 쌀쌀해졌어요.
>
> 　　= 오후에는 더웠어요. **하지만** 밤에는 쌀쌀해졌어요.

※ 다음을 보고 '-지만'을 사용하여 문장을 연결하십시오.

1) 저는 중국어를 공부해요. 승준 씨는 영어를 공부해요.

　→ ____.

2) 교실은 시원해요. 밖은 더워요.

　→ ____.

3) 이 물건은 값이 비싸요. 별로 좋지 않아요.

　→ ____.

解答

1) 저는 중국어를 공부하지만 승준 씨는 영어를 공부해요

2) 교실은 시원하지만 밖은 더워요

3) 이 물건은 값이 비싸지만 별로 좋지 않아요

unit 6
문법 6

1. 알아두기　用法の確認

		–(으)ㄹ게요
동사 動詞	먹다	먹을게요
	가다	갈게요

❶ 어떤 일을 할 거라는 약속이나 의지를 나타낼 때 사용한다.
あることをする約束や意志を表わす時に使う。

例
- 가: 운동을 안 하면 건강에 안 좋아요.　運動をしなければ健康に良くないです。
  나: 내일부터 운동을 **할게요**.　明日から運動をします。
- 나중에 다시 전화**할게요**.　後でまた電話します。
- 늦었으니까 먼저 집에 **갈게요**.　遅くなったから先に家に帰ります。

주의사항　注意事項

- **자기의 약속이나 의지를 나타낼 때만 사용할 수 있다.**
  自らの約束や意志を表わす時だけ使うことができる。

  例 제가 청소를 할게요. (O) 私が掃除をします。
  　상희 씨가 청소를 할게요. (X)

- **질문할 때는 사용할 수 없다.**
  質問する時は使うことはできない。

  例 언제 밥을 먹을게요? (X)

※ 다음을 보고 '-(으)ㄹ게요'를 사용하여 대화를 완성하십시오.

1) 가: 몇 시까지 우리집에 올 수 있어요?

　　나: 3시까지 ＿＿＿＿＿＿＿＿＿＿＿＿＿＿.

2) 가: 내일 또 지각할 거예요?

　　나: 내일부터는 ＿＿＿＿＿＿＿＿＿＿＿＿＿.

3) 가: 지금 김 선생님이 안 계시는데요.

　　나: 그럼 나중에 다시 ＿＿＿＿＿＿＿＿＿＿＿.

解答

1) 갈게요　　　　2) 지각하지 않을게요　　　　3) 올게요

unit 6
문법 6

연습 문제 練習問題

1　(　　　　)에 알맞지 않은 것을 고르십시오.

> 가: 내일 등산을 갈 건데 같이 (　　　　　　　　　　　)
> 나: 좋아요. 제가 점심을 준비할게요.

❶ 갈까요?　　　　　　　　　❷ 갑시다.
❸ 갈게요.　　　　　　　　　❹ 갈래요?　　　030

2　(　　　　)에 가장 알맞은 것을 고르십시오.

> 가: 도나 씨는 고향에서 김치를 (　　　　　　　　　　)?
> 나: 아니요, 한국에 와서 처음 먹어 봤어요.

❶ 먹으려고 해요　　　　　　❷ 먹은 적이 있어요
❸ 먹은 것 같아요　　　　　　❹ 먹기로 했어요　　　026

3　(　　　　)에 알맞은 것을 고르십시오.

> 가: 내일 극장에 (　　　　　　　　　)?
> 나: 좋아요. 극장에 갑시다.

❶ 갈까요　　　　　　　　　❷ 갔어요
❸ 가지 않아요　　　　　　　❹ 가고 있어요　　　027

4　(　　　　)에 알맞은 것을 고르십시오.

> 가: 여보, 오늘 몇 시까지 집에 (　　　　　　　　　)?
> 나: 8시까지 갈게.

❶ 왔어요　　　　　　　　　❷ 올까요
❸ 오는 것 같아요　　　　　　❹ 올 수 있어요　　　028

5 (   )에 알맞은 것을 고르십시오.

가: 회사 생활이 어때요?
나: 일은 (   ) 재미있어요.

❶ 많고　　　　　　　　　　❷ 많으니까
❸ 많아서　　　　　　　　　　❹ 많지만

029

6 (   )에 알맞은 것을 고르십시오.

가: 승준 씨, 한국 신문을 (   )?
나: 아니요, 아직 못 읽어요.

❶ 읽으려고 해요　　　　　　❷ 읽어 주세요
❸ 읽어 보세요　　　　　　　❹ 읽을 수 있어요

028

unit 6
문법 6

7 두 문장을 바르게 연결한 것을 고르십시오.

이 음식은 맵습니다. 아주 맛있습니다.

❶ 이 음식은 맵지만 아주 맛있습니다.
❷ 이 음식은 매우려고 아주 맛있습니다.
❸ 이 음식은 매우러 아주 맛있습니다.
❹ 이 음식은 맵기로 아주 맛있습니다.

029

8 (   )에 알맞은 것을 고르십시오.

가: 배고픈데 식사를 (   )?
나: 네, 좋아요. 식당에 갑시다.

❶ 할까요　　　　　　　　　　❷ 하지 마세요
❸ 하고 있어요　　　　　　　❹ 하려고 해요

027

연습 문제 練習問題

9 (   )에 알맞은 것을 고르십시오.

가: 음식이 참 맛있네요. 수미 씨도 한국 요리를 (   )?
나: 잘하지는 못하지만 가끔 만들어 먹어요.

❶ 할까 해요
❷ 해야 돼요
❸ 하려고 해요
❹ 할 수 있어요

028

10 두 문장을 바르게 연결한 것을 고르십시오.

운동을 좋아합니다. 잘 못합니다.

❶ 운동을 좋아하고 잘 못합니다.
❷ 운동을 좋아하니까 잘 못합니다.
❸ 운동을 좋아하지만 잘 못합니다.
❹ 운동을 좋아하면 잘 못합니다.

029

11 (   )에 알맞은 것을 고르십시오.

가: 이 영화가 (   )?
나: 글쎄요. 별로 재미없을 것 같아요.

❶ 재미있었어요
❷ 재미있을 수 있어요
❸ 재미있을까요
❹ 재미있어도 돼요

027

12 (   )에 알맞은 것을 고르십시오.

가: 승준 씨, 방학 때 뭐 했어요?
나: 제주도에 다녀 왔어요. 혜경 씨는 제주도에 (   )?

❶ 간 적이 있어요
❷ 간 것 같아요
❸ 가 보세요
❹ 가야 해요

026

13 (　　　)에 가장 알맞은 것을 고르십시오.

가: 뭐 먹을래요?
나: 저는 비빔밥을 (　　　　　　　　　　).

❶ 먹을게요　　　　　　　　　❷ 먹읍시다
❸ 먹거든요　　　　　　　　　❹ 먹으세요

030

14 (　　　)에 알맞은 것을 고르십시오.

가: 상희 씨, 한국 음식을 (　　　　　　　　　　)?
나: 네, 친구들과 자주 만들어서 먹어요.

❶ 만들려고 해요　　　　　　　❷ 만들어 본 적이 있어요
❸ 만든 것 같아요　　　　　　　❹ 만들기로 했어요

026

15 (　　　)에 가장 알맞은 것을 고르십시오.

가: 철수야, 몇 시까지 집에 올 거니?
나: 어머니, 6시까지 집에 (　　　　　　　　　　).

❶ 돌아오세요　　　　　　　　❷ 돌아오게 돼요
❸ 돌아올 줄 알아요　　　　　　❹ 돌아올게요

030

문법 7 文法 7

–(으)ㄹ까 하다 ★★

1. 알아두기   用法の確認

		–(으)ㄹ까 하다
동사 動詞	먹다	먹을까 하다
	가다	갈까 하다

❶ 말하는 사람의 약한 의도나 쉽게 바꿀 수 있는 막연한 계획을 말할 때 사용한다.
話者の弱い意志や簡単に変えることができる漠然とした計画を述べる時に使う。

例 • 가 : 방학 때 뭐 할 거예요? 学期休みの時、何しますか?
　　나 : 아르바이트를 **할까 해요**. アルバイトをしようかと思います。

• 내일부터 운동을 **할까 해요**. 明日から運動をしようかと思います。

• 배가 고파서 라면이라도 먹**을까 합니다**. お腹がすいてラーメンでも食べようかと思います。

2. 더 알아두기   チェックポイント

▶ '–(으)ㄹ까 하다'는 '–아/어 보다'⁰¹²와 자주 함께 사용한다.
'–(으)ㄹ까 하다'はよく'–아/어 보다'と一緒に使う。

例 • 일본어를 배워 **볼까 해요**. 日本語を習ってみようかと思います。

3. 연습하기   練習

※ 다음을 보고 '–(으)ㄹ까 하다'를 사용하여 문장을 완성하십시오.

1) 내일은 친구를 _______________________. (만나다)

2) 겨울에 스키를 _______________________. (배우다)

3) 저녁에 비빔밥을 _______________________. (먹다)

解答
1) 만날까 해요　　2) 배울까 해요　　3) 먹을까 해요

-(으)ㄹ 때 ★★

		-았/었을 때	-(으)ㄹ 때
동사 動詞	먹다	먹**었을 때**	먹**을 때**
	가다	**갔을 때**	**갈 때**
형용사 形容詞	좋다	좋**았을 때**	좋**을 때**
	싸다	**샀을 때**	**쌀 때**

		이었/였을 때	일 때
명사+이다 名詞	학생	학생**이었을 때**	학생**일 때**
	친구	친구**였을 때**	친구**일 때**

❶ 어떤 일을 하는 시간이나 상황을 나타낸다. あることをする時間や状況を表わす。

例 ▶
- 옷이 **쌀 때** 많이 사세요. 服が安い時、たくさん買ってください。
- 책을 읽**을 때** 집중해야 합니다. 本を読む時、集中しなければなりません。
- 내가 학생**이었을 때** 만난 친구예요. 私が学生だった時に会った友達です。

주의사항 注意事項

- 시간을 나타내는 '방학, 세일, 점심, 시험 등'이나 '고등학생, 17살 등' 나이를 나타내는 단어 뒤에는 '때'가 온다.

  時間を表わす'방학, 세일, 점심, 시험 など'や'고등학생, 17살 など'年齢を表わす単語の後には'때'が来る。

  例 방학 때 집에 가요. 学期休みの時、家に帰ります。

  6살 때 길을 잃어버린 적이 있어요. 6才の時、道に迷ったことがあります。

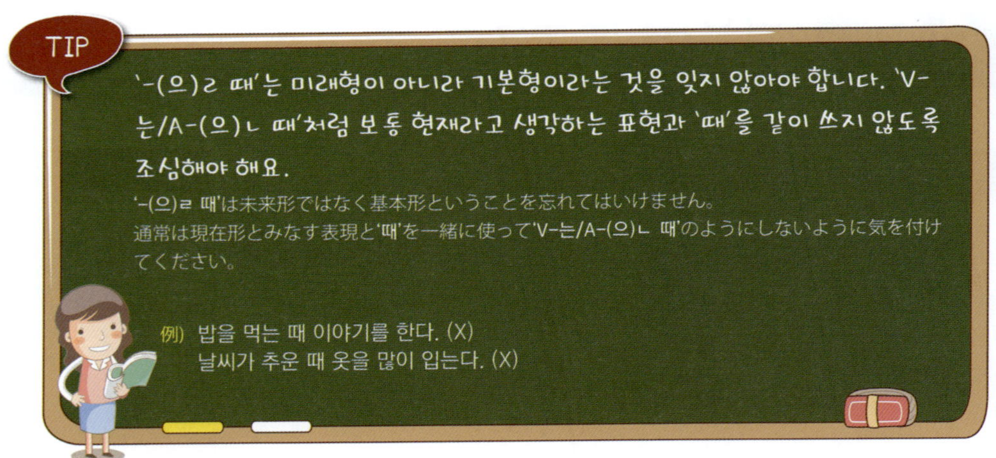

2. 연습하기　　　　練習

※ 다음 그림을 보고 '-(으)ㄹ 때'를 사용하여 알맞은 문장을 완성하십시오.

1)

너무 ＿＿＿＿＿＿＿ 밖에 나가지 말고 집에서 쉬는 게 좋아요. (덥다)

2)

기분이 ＿＿＿＿＿＿＿ 운동을 하면 기분이 좋아져요.

3)

이번 방학 ＿＿＿＿＿＿＿ 친구들과 함께 바다에 갈 거예요.

解答

1) 1) 더울 때　　2) 안 좋을 때　　3) 때

–(으)ㄹ래요? ★★

1. 알아두기   用法の確認

		–(으)ㄹ래요
동사 動詞	가다	**갈**래요
	먹다	먹**을래요**

❶ 상대방의 의견을 물어볼 때 사용한다. 相手の意見を尋ねる時に使う。

例 ▶ ・가 : 시원한 주스 마**실래요**? 冷たいジュース、飲みますか？
　　　나 : 네, 좋아요. はい、いいです。
　　・가 : 무슨 영화를 **볼래요**? 何の映画を見ますか？
　　　나 : 이 영화를 보고 싶어요. この映画が見たいです。

❷ 앞으로의 일에 대한 자신의 의사를 나타낼 때 사용한다.
今後のことに対する自分の意志を表わす時に使う。

例 ▶ ・지금은 피곤하니까 이따가 공부**할래요**. 今は疲れているから後で勉強します。
　　배가 고프니까 빵을 먹**을래요**. お腹がすいたからパンを食べます。

2. 더 알아두기   チェックポイント

▶ ❶의 의미의 '–(으)ㄹ래요?'로 질문한 경우, '–(으)ㄹ래요', '–(으)ㄹ게요'**030**, '–고 싶다'**003**를 사용해서 대답하는 경우가 많다.
❶の意味の'–(으)ㄹ래요?'で質問した場合、'–(으)ㄹ래요''–(으)ㄹ게요''–고 싶다'を使って答える場合が多い。

例 ▶ ・가: 뭘 먹**을래요**? 何を食べますか？
　　나: 비빔밥을 먹**을래요**. ビビンバを食べます。 / 비빔밥을 먹**을게요**. ビビンバを食べます。 /
　　　비빔밥을 먹**고 싶어요**. ビビンバが食べたいです。

※ 다음을 보고 '-을래요?'를 사용하여 대화를 완성하십시오.

1) 가: 오늘 저녁에 _____________________? (한강에 가다)

　　나: 네, 가고 싶어요.

2) 가: 더운데 _____________________? (아이스크림을 먹다)

　　나: 네, 먹을래요.

3) 가: _____________________? (영화 보러 가다)

　　나: 피곤하니까 그냥 잘게요.

解答

1) 한강에 갈래요　　　2) 아이스크림을 먹을래요　　　3) 영화 보러 갈래요

034   –(으)ㄹ 줄 알다/모르다 ★★

		–(으)ㄹ 줄 알다/모르다
동사 動詞	먹다	먹을 줄 알다/모르다
	가다	갈 줄 알다/모르다

❶ 어떤 일을 하는 방법을 알거나 모를 때 사용한다.
あることをする方法を知っている、又は知らない時に使う。

例 ▶
- 가 : 한국어 **할 줄 알아요**?   韓国語できますか？
  나 : 네, 조금 할 **줄 알아요**.   はい、少しできます。
- 가 : 한국 음식 만들 **줄 알아요**?   韓国料理、作れますか？
  나 : 아니요, 만들 **줄 몰라요**.   いいえ、作れません。

unit 7
문법 7

2. 더 알아두기   チェックポイント

▶ '-(으)ㄹ 줄 알다/모르다'와 '-(으)ㄹ 수 있다/없다' 028 의 문법 비교(p. 94)
'-(으)ㄹ 줄 알다/모르다'와 '-(으)ㄹ 수 있다/없다'の文法比較

※ 다음 그림을 보고 '-(으)ㄹ 줄 알다/모르다'를 사용하여 대화를 완성하십시오.

1)

가: 기타를 _______________________?

나: 네, 기타를 ___________________.

2)

가: 자전거를 _____________________?

나: 아니요, 자전거를 _______________.

3)

가: 수영을 _____________________?

나: 아니요, 수영을 _______________.

解答

1) 칠 줄 알아요, 칠 줄 알아요　　　2) 탈 줄 알아요, 탈 줄 몰라요　　　3) 할 줄 알아요, 할 줄 몰라요

I. 알아두기　用法の確認

		-(으)ㅂ시다
동사 動詞	먹다	먹**읍시다**
	가다	**갑시다**

❶ 어떤 일을 함께 하자는 의미를 나타낸다.　あることを一緒にしようと誘う意味を表わす。

> 例 ▸ ・같이 식사하러 **갑시다**.　一緒に食事しに行きましょう。
> ・내일 영화를 보러 **갑시다**.　明日、映画を見に行きましょう。
> ・이야기를 좀 **해 봅시다**.　ちょっと話をしてみましょう。

주의사항　注意事項

- ‘-(으)ㅂ시다’는 항상 현재형을 사용한다. ‘-(으)ㅂ시다’は常に現在形を使う。
  例 같이 청소를 합시다. (O)　一緒に掃除をしましょう。
  　　같이 청소를 했읍시다. (X)

- ‘-(으)ㅂ시다’의 부정형은 ‘-지 맙시다’이다. ‘-(으)ㅂ시다’の否定形は‘-지 맙시다’だ。
  例 오늘은 거기에 가지 맙시다.　今日はそこに行かないでおこう。

- 반말을 할 때는 ‘-자’를 사용할 수 있다.
  パンマル(ぞんざいな言葉)を話す時は‘-자’を使うことができる。
  例 점심에는 비빔밥을 먹자.　お昼にはビビンバを食べよう。

2. 더 알아두기　チェックポイント

▶ ‘-(으)ㅂ시다’는 ‘-(으)ㄹ까요?’⁰²⁷의 대답으로 많이 사용한다.
　‘-(으)ㅂ시다’は‘-을까요?’の返事によく使う。

> 例 ▸ ・가: 주말에 같이 여행을 **갈까요?**　週末に一緒に旅行に行きましょうか？
> 　　나: 좋아요. 같이 여행을 **갑시다**.　いいですよ。一緒に旅行に行きましょう。

▶ '-(으)ㅂ시다'는 '-아/어요' **056**가 **3**의 의미일 때 바꾸어 사용할 수 있다.

'-(으)ㅂ시다'는 '-아/어요'가 **3**の意味の時、置き換えて使うことができる。

例 ▶ • 가: 내일 뮤지컬 공연을 보러 갈까요? 明日ミュージカル公演を見に行きましょうか？

　　나: 좋아요. 같이 갑시다. いいですよ。一緒に行きましょう。

　　　= 좋아요. 같이 가요.

3. 연습하기　　　　練習

※ 다음을 보고 '-(으)ㅂ시다'를 사용하여 알맞은 문장을 완성하십시오.

1) 가: 우리 농구를 할까요?

　나: 좋아요. 같이 농구를 _______________________.

2) 가: 날씨가 더우니까 시원한 커피 한잔 할까?

　나: 그래. 회사 앞에 있는 커피숍에 가서 커피를 _______________________.

3) 가: 저 옷가게는 직원이 친절하지 않고 옷도 비싸요.

　나: 맞아요. 그러니까 다음부터는 저 옷가게에 _______________________.

解答

1) 합시다　　　2) 마시자　　　3) 가지 맙시다

연습 문제 練習問題

1 다음 (　　　)에 알맞은 것을 고르십시오.

> 가: 주말에 뭐 할 거야?
> 나: 집이 더러워서 청소를 (　　　　　　　　).

① 하지 않아　　　　　　② 할까 해
③ 한 적 있어　　　　　　④ 해 버렸어

031

2 다음 빈칸에 알맞은 것을 고르십시오.

> 가: 마이클 씨, 같이 도서관에 갈까요?
> 나: 네, 같이 ＿＿＿＿＿＿＿＿＿＿＿.

① 갑시다　　　　　　② 간대요
③ 가십니다　　　　　④ 가지 못합니다

035

unit 7
문법 7

3 다음 (　　　)에 알맞은 것을 고르십시오.

> 집에 (　　　　　　　　) 우유를 사 오세요.

① 돌아올 때　　　　　　② 돌아왔을 때
③ 돌아온 때　　　　　　④ 돌아오는 때

032

4 (　　　)에 알맞은 것을 고르십시오.

> 가: 저녁 때 뭘 먹을까요?
> 나: 저는 김밥을 (　　　　　　　).

① 먹을래요　　　　　　② 먹을 줄 몰라요
③ 먹지 않아요　　　　　④ 먹으십시오

033

연습 문제 練習問題

5 다음 (　　　)에 들어갈 말로 가장 알맞은 것을 고르십시오.

> 저는 지난달에 한국에 왔습니다. 그래서 아직 한국어를 (　　　　　　　).
> 빨리 한국어를 배워서 한국 드라마도 보고 한국 친구도 사귀고 싶습니다.

❶ 하려고 합니다　　　　　　❷ 할 줄 모릅니다
❸ 하는 것 같습니다　　　　　❹ 한 적이 있습니다　　　034

6 (　　　)에 알맞은 것을 고르십시오.

> 가: 무슨 영화를 볼까요?
> 나: 이 영화를 (　　　　　　　).

❶ 보았습니다　　　　　　❷ 보고 있어요
❸ 본 것 같아요　　　　　❹ 볼래요　　　033

7 다음 (　　　)에 알맞은 것을 고르십시오.

> 가: 한국 친구 집에 초대받았는데 무엇을 사 가지고 가면 좋을까요?
> 나: 한국 사람 집에 (　　　　　　　) 화장지나 세제를 사 가지고 가면 좋을 거예요.

❶ 가서　　　　　　❷ 갈 때
❸ 갈 거고　　　　　❹ 가는 동안　　　032

8 다음 (　　　)에 들어갈 말로 가장 알맞은 것을 고르십시오.

> 가: 자전거를 (　　　　　　　)?
> 나: 네, 아버지에게 배웠어요.

❶ 타지 않아요　　　　　　❷ 타도 돼요
❸ 탈 줄 알아요　　　　　❹ 타면 좋아요　　　034

9 다음 빈칸에 알맞은 것을 고르십시오.

❶ 쉽니다   ❷ 쉽시다

❸ 쉬니까요   ❹ 쉬었어요   **035**

10 다음 (   )에 알맞은 것을 고르십시오.

❶ 이사할까 해요   ❷ 이사한 것 같아요

❸ 이사할 수 없어요   ❹ 이사하지 마요   **031**

unit 7
문법 7

MEMO

문법 8 文法 8

–거든요 ★

		–았/었거든요	–거든요
동사 動詞	가다	갔**거든요**	가**거든요**
	먹다	먹었**거든요**	먹**거든요**
형용사 形容詞	크다	컸**거든요**	크**거든요**
	작다	작았**거든요**	작**거든요**

		이었/었거든요	(이)거든요
명사+이다 名詞	학생	학생**이었거든요**	학생**이거든요**
	교수	교수**였거든요**	교수**거든요**

❶ 이유를 나타낼 때 사용한다. 理由を表わす時に使う。

> 例 ▶ • 가: 어제 왜 학교에 안 왔어요? 昨日なぜ学校に来ませんでしたか？
> • 나: 고향에서 부모님께서 오**셨거든요**. 그래서 공항에 가야 했어요.
>   故郷から両親が来たんです。それで空港に行かなければなりませんでした。
> • 지금 비가 오**거든요**. 우산을 가지고 나가세요. 今、雨が降ってるんです。傘を持って出てください。
> • 좀 늦을 것 같아요. 지금 길이 막히**거든요**. ちょっと遅くなると思います。今、道が混んでいるんです。

❷ 상황을 나타낼 때 사용한다. 状況を表わす時に使う。

> 例 ▶ • 가: 이따가 우체국에 가**거든요**. 혹시 부탁할 거 있어요?
>   後で郵便局に行きますね。もしかして頼むことはありますか？
> • 나: 그럼 저 대신 이 소포 좀 보내 주세요. それでは私の代わりに小包をちょっと送ってください。
> • 영화를 보고 있**거든요**. 전화 대신 메시지를 남겨 주세요.
>   映画を見ているんです。電話の代わりにメッセージを残してください。
> • 이 거리는 외국인들에게 유명하**거든요**. この通りは外国人に有名ですね。

※ 다음을 보고 '-거든요'를 사용해서 문장을 완성하십시오.

1) 가: 왜 옷을 바꾸려고 해요?

　　나: 옷이 _________________. (크다)

2) 가: 공항에 왜 가요?

　　나: _________________. (부모님이 오시다)

3) 가: 왜 이렇게 늦었어요?

　　나: 죄송해요. _________________. (길이 막히다)

解答

1) 크거든요　　　2) 부모님이 오시거든요　　　3) 길이 막혔거든요

unit 8
문법 8

1. 알아두기　用法の確認

		-게
형용사 形容詞	짧다	짧**게**
	예쁘다	예쁘**게**

❶ 뒤에 오는 동사의 의미를 한정할 때 사용한다.　後に来る動詞の意味を限定する時に使う。

> 例
> - 맛있**게** 드세요.　おいしく召し上がってください。
> - 글씨를 예쁘**게** 썼네요.　文字をきれいに書きましたね。
> - 도서관이니까 작**게** 말하세요.　図書館だから小さい声で話してください。

2. 연습하기　練習

※ 다음 그림을 보고 '-게'를 사용하여 문장을 완성하십시오.

1)

글자가 작아서 안 보여요. 좀 _____________
써 주세요.

2)

결혼 축하해요. 항상 _____________ 살기
바랍니다.

3)

저 사람은 정말 _____________ 생겼어요.
한번 만나보고 싶어요.

解答

1) 크게　　2) 행복하게　　3) 멋있게

038 —게 되다 ★

1. 알아두기　　用法の確認

		—게 되다
동사 動詞	먹다	먹**게 되다**
	가다	가**게 되다**

❶ 어떤 일이 변했을 때 사용한다.　あることや状態が変わった時に使う。

例
- 그 사람의 노래를 듣고 그 사람을 좋아하**게 되었어요**.　その人の歌を聞いて、その人が好きになりました。
- 처음에 한국에 왔을 때는 김치를 못 먹었지만 이제는 김치를 잘 먹**게 되었어요**.
  初めに韓国に来た時はキムチを食べられませんでしたが今はキムチをよく食べるようになりました。

2. 연습하기　　練習

※ 다음 그림을 보고 '—게 되다'를 사용하여 문장을 완성하십시오.

1)

저는 혜경 씨를 ________________________.

2)

1년 전에는 수영을 못했지만 열심히 연습해서
이제는 ________________________.

3)

다음 달에 영국에 ________________________.

解答

1) 좋아하게 됐어요　　2) 잘하게 되었어요(됐어요)　　3) 가게 되었어요(됐어요)

I. 알아두기   用法の確認

		-겠-
동사 動詞	먹다	먹**겠**
	가다	가**겠**
형용사 形容詞	좋다	좋**겠**
	싸다	싸**겠**

		(이)겠
명사+이다 名詞	학생	학생**이겠**
	친구	친구**겠**

❶ 미래의 일이나 추측을 나타낼 때 사용한다. 未来のことや推測を表わす時に使う。

> 例 ▶ • 가: 오늘 14시간 동안 일했어요. 今日、14時間働きました。
> 　　　　나: 정말 피곤하**겠**어요. 本当にお疲れでしょう。
> 　　• 혜경이가 있는 미국은 지금 밤**이겠**어요. ヘギョンがいるアメリカは今、夜でしょう。

❷ 말하는 사람의 의지를 나타낼 때 사용한다. 話者の意志を表わす時に使う。

> 例 ▶ • 오늘부터 더 열심히 공부하**겠**습니다. 今日からもっと一生懸命勉強します。

주의사항 注意事項

> • '-겠-'이 ❶의 뜻일 때 일기예보에서 자주 사용된다.
> '-겠-'が❶の意味の時、天気予報でよく使われる。
>
> 例 내일은 비가 오겠습니다. 明日は雨が降ります。

▶ '-겠-'이 ❷의 의미일 때 '-(으)ㄹ게요'와 바꾸어 사용할 수 있다.
'-겠-'が❷の意味の時'-(으)ㄹ게요'と置き換えて使うことができる。

> 例　• 내일부터 운동을 시작하겠습니다.　明日から運動を始めます。
> 　　= 내일부터 운동을 시작할게요.　明日から運動を始めます。

3. 연습하기　　練習

※ 다음을 보고 '-겠-'을 사용하여 문장을 완성하십시오.

1) 내일은 비가 _______________________. (오다)

2) 가: 자, 이제 먹을까요?

　나: 이 떡볶이, 정말 _______________! (맛있다)

3) 가: 회의 준비는 누가 할래요?

　나: 제가 _______________________. (하다)

解答

1) 오겠습니다　　　2) 맛있겠어요　　　3) 하겠습니다

unit 8
문법 8

–기 때문에 ★

1. 알아두기 用法の確認

		–았/었기 때문에	–기 때문에
동사 動詞	가다	갔기 때문에	가기 때문에
	먹다	먹었기 때문에	먹기 때문에
	청소하다	청소했기 때문에	청소하기 때문에
형용사 形容詞	크다	컸기 때문에	크기 때문에
	작다	작았기 때문에	작기 때문에

		이었기/였기 때문에	(이)기 때문에
명사+이다 名詞	학생	학생이었기 때문에	학생이기 때문에
	교수	교수였기 때문에	교수기 때문에

❶ 어떤 행동이나 상황에 대한 이유를 나타낸다. ある行動や状況に対する理由を表わす。

例 ▶
- 오늘 일이 많**기 때문에** 파티에 갈 수 없어요. 今日、仕事が多いのでパーティーに行けません。
- 어제 이사**했기 때문에** 피곤해요. 昨日引越ししたので疲れます。
- 이곳은 관광지로 유명하**기 때문에** 외국인이 많아요.
  こちらは観光地で有名なので外国人が多いです。

TIP

'–기 때문에'는 '–아/어서' [013], '–으니까' [017] 와 바꾸어 사용할 수 있어요.
'–기 때문에'は'–아/어서'、'–으니까'と置き換えて使うことができる。

例) 내일이 시험이**기 때문에** 도서관에 가야 해요.
明日、試験なので図書館に行かなければなりません。

= 내일이 시험**이어서** 도서관에 가야 해요.
明日、試験なので図書館に行かなければなりません。

= 내일이 시험**이니까** 도서관에 가야 해요
明日、試験だから図書館に行かなければなりません。

단, 과거를 나타낼 경우 '–아/어서' [013] 는 현재형으로 과거를 나타내요.
ただ、過去を表わす場合'–아/어서'は現在形で過去を表わす。

例) 어제 아**팠어서** 학교에 못 왔어요. (X)
어제 아파서 학교에 못 왔어요. (O) 昨日、具合が悪くて学校に来られませんでした。

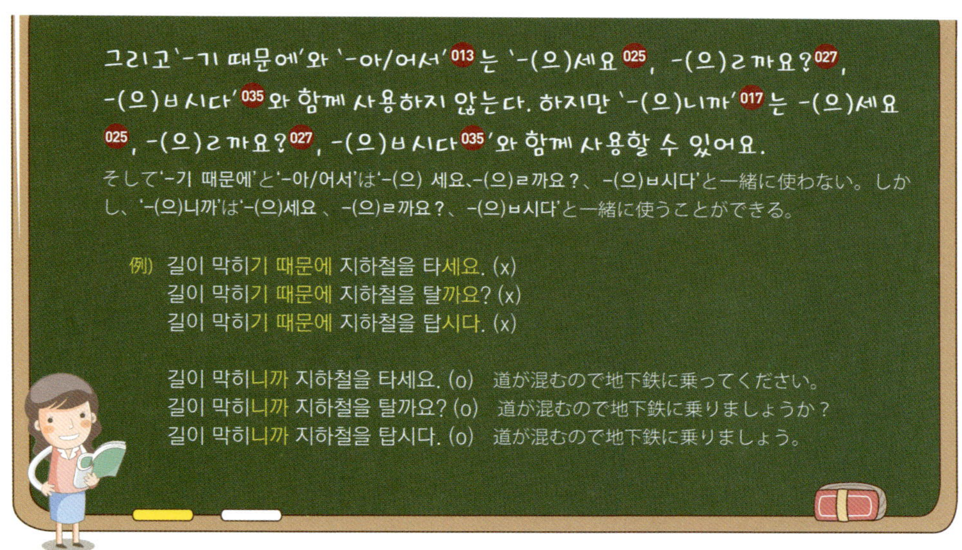

2. 연습하기　練習

※ 다음을 보고 '-기 때문에'를 사용하여 문장을 완성하십시오.

1) ________________________________ 축구 경기가 취소되었습니다. (비가 오다)

2) ________________________________ 기분이 좋다. (시험을 잘 보다)

3) 고향에서 ________________________________ 공항에 가고 있습니다. (부모님께서 오시다)

解答

1) 비가 오기 때문에　　　2) 시험을 잘 봤기 때문에　　　3) 부모님께서 오시기 때문에

연습 문제 練習問題

1 (   )에 알맞은 말을 고르시오.

> 이 식당은 제가 자주 가는 식당입니다. 이곳은 음식이 (   ) 언제
> 가도 손님이 항상 많습니다. 이곳에서 가장 인기가 있는 음식은 불고기 비빔밥입니다. 여러분
> 도 시간이 있으면 이곳에서 꼭 먹어 보시기 바랍니다.

❶ 맛있으면 ❷ 맛있기만 해도
❸ 맛있기 때문에 ❹ 맛있을까 하고 **040**

2 (   )에 알맞은 것을 고르십시오.

> 가: 내일 부산으로 여행 가요. 거기서 맛있는 음식도 많이 먹으려고요.
> 나: 와, 정말 (   ).

❶ 좋을까요 ❷ 좋으면 돼요
❸ 좋을 수 있어요 ❹ 좋겠어요 **039**

3 다음 (   )안에 알맞은 것을 고르십시오.

> 가: 승준 씨는 정말 컴퓨터에 대해 잘 아는 것 같아요.
> 나: 고향에 있을 때 컴퓨터 회사에서 (   ).

❶ 일하기로 했어요 ❷ 일했거든요
❸ 일해야 해요 ❹ 일하면 좋겠어요 **036**

4 (   )에 알맞은 것을 고르십시오.

> 매일 수영 연습을 하면 수영을 (   ).

❶ 잘하기로 할 거예요 ❷ 잘하려고 할 거예요
❸ 잘하게 될 거예요 ❹ 잘해도 될 거예요. **038**

5 다음 (   )에 알맞은 것을 고르십시오.

> 가: 날씨가 추워졌어요.
> 나: 그래요? 그러면 (   ) 입어야겠어요.

❶ 따뜻한 ❷ 따뜻하게
❸ 따뜻하면 ❹ 따뜻하고 **037**

문법 9 文法 9

–기 위해(서) ★

		–기 위해(서)
동사 動詞	가다	가**기 위해서**
	먹다	먹**기 위해서**
	요리하다	요리하**기 위해서**

❶ 선행절이 후행절의 목적을 나타낼 때 사용한다.　先行節が後行節の目的を表わす時に使う。

例 ・친구 선물을 사**기 위해서** 백화점에 가요.　友達のプレゼントを買うためにデパートに行きます。

・한국에 있는 대학에 입학하**기 위해서** 한국어를 공부해요.
韓国にある大学に入学するために韓国語を勉強します。

・날씬해지**기 위해서** 다이어트를 하고 있어요.　スリムになるためにダイエットをしています。

▶ '–기 위해(서)'는 '–(으)려고'⁰¹⁹와 바꾸어 사용할 수 있다.
'–기 위해(서)'は'– 으려고'と置き換えて使うことができる。

例 ・명절에 고향에 가**기 위해서** 미리 기차표를 샀어요.
名節に故郷に行くために事前に電車の切符を買いました。

= 명절에 고향에 가**려고** 미리 기차표를 샀어요.
名節に故郷に行こうと事前に電車の切符を買いました。

※ 다음을 보고 (　　) 안에 알맞은 대화를 완성하십시오.

1) 가: 왜 한국어 공부를 해요?

　나: ________________________. (한국 회사에 취업하다)

2) 가: 왜 이렇게 운동을 열심히 해요?

　나: ________________________. (건강해지다)

3) 가: 왜 우체국에 가요?

　나: ________________________. (고향에 소포를 보내다)

> 解答
>
> 1) 한국 회사에 취업하기 위해서 한국어 공부를 해요
> 2) 건강해지기 위해서 운동을 열심히 해요
> 3) 고향에 소포를 보내기 위해서 우체국에 가요

–기 전에 ★

1. 알아두기　用法の確認

		–기 전에
동사 動詞	먹다	먹**기 전에**
	가다	가**기 전에**

① 선행절의 행동보다 후행절의 행동이 먼저 일어난다는 것을 말할 때 사용한다.
先行節の行動より後行節の行動が先に起きるということを述べる時に使う。

例 ▶
- 저는 항상 자**기 전에** 샤워를 해요.　私はいつも寝る前にシャワーをします。
- 한국에 오**기 전에** 회사에 다녔어요.　韓国に来る前に会社に通いました。
- 밥을 먹**기 전에** 손을 씻으세요.　ご飯を食べる前に手を洗ってください。

2. 더 알아두기　チェックポイント

▶ **'-기 전에'와 '-(으)ㄴ 후에' ⁰⁵² 의 문법 비교**　'-기 전에'と'-(으)ㄴ 후에'の文法比較

'-기 전에'는 선행절의 행동보다 후행절의 행동이 먼저 일어난다는 것을 말할 때 사용하지만 '-(으)ㄴ 후에' ⁰⁵²는 선행절의 행동보다 후행절의 행동이 나중에 일어난다는 것을 말할 때 사용한다.
'-기 전에'は先行節の行動より後行節の行動が先に起きるということを述べる時に使うが'-(으)ㄴ 후에'は先行節の行動より後行節の行動が後で起きるということを述べる時に使う。

오전 7:00

오전 8:00

오전 9:00

例 ▶
- 밥 먹**기 전에** 샤워했어요.　ご飯食べる前にシャワーしました。
- 공부하**기 전에** 밥 먹었어요.　勉強する前にご飯食べました。
- 샤워 한 **후에** 밥 먹었어요.　シャワーした後にご飯食べました。
- 밥 먹은 **후에** 공부했어요.　ご飯食べた後に勉強しました。

unit **9**
문법 9

※ 다음 그림을 보고 '-기 전에'를 사용하여 문장을 완성하십시오.

| 오전 10:00 | 오후 2:00 | 오후 4:00 | 오후 7:00 |

1) _____________________________ 학교에서 공부했어요.

2) _____________________________ 쇼핑했어요.

3) _____________________________ 친구와 커피를 마셨어요.

解答

1) 쇼핑하기 전에   2) (친구와) 커피를 마시기 전에   3) 도서관에 가기 전에

043 –는 대신(에) ★

1. 알아두기   用法の確認

		–(으)ㄴ 대신(에)	–는 대신(에)
동사 動詞	먹다	먹은 대신에	먹는 대신에
	가다	간 대신에	가는 대신에

		대신(에)
명사+이다 名詞	학생	학생 대신에
	친구	친구 대신에

❶ 선행절의 일을 후행절의 일로 바꿀 때 사용한다.
先行節のことを後行節のことに置き換える時に使う。

> 例 • 시간이 없어서 밥을 먹는 대신에 빵을 먹었어요. 時間がなくてご飯を食べる代わりにパンを食べました。
> • 오늘 친구가 바빠서 친구 대신 제가 왔어요. 今日友達が忙しくて友達の代わりに私が来ました。

❷ 선행절의 일 때문에 후행절의 일을 보상으로 받을 때 사용한다.
先行節の仕事のために後行節のことを褒賞として享受する時に使う。

> 例 • 제 숙제를 도와주는 대신에 점심을 살게요.
> 私の宿題を手伝ってくれる代わりにお昼をおごりますね。
> • 도나 씨가 청소를 하는 대신 저는 요리를 할게요. ドナさんが掃除をする代わりに私は料理をしますね。

2. 연습하기   練習

※ 다음을 보고 '–는 대신(에)'를 사용하여 대화를 완성하십시오.

1) 가: 숙제를 도와줄래요?

　나: 좋아요. 숙제를 ＿＿＿＿＿＿＿＿＿＿＿＿＿ 맛있는 저녁을 사 주세요.

2) 가: 저는 커피를 못 마셔요.

　나: 그러면 ＿＿＿＿＿＿＿＿＿＿＿＿＿ 주스를 드세요.

3) 가: 사장님, 오늘은 몸이 안 좋은데 일찍 집에 가도 될까요?

　나: 일찍 집에 ＿＿＿＿＿＿＿＿＿＿＿＿＿ 내일 더 열심히 해 주세요.

> 解答
>
> 1) 도와주는 대신(에)　　2) 커피 대신(에)　　3) 가는 대신(에)

unit 9
문법 9

−는 동안(에) ★

1. 알아두기　用法の確認

		−는 동안(에)
동사 動詞	먹다	먹**는 동안**
	가다	가**는 동안**

❶ 어떤 행동이나 상태가 계속되는 시간을 나타낸다.
ある行動や状態が続く時間を表わす。

> 例　• 기다리**는 동안** 음악을 들었어요. 待っている間、音楽を聞きました。
> • 영화를 보**는 동안** 전화기를 꺼 놓으세요. 映画を見る間、電話の電源を消しておいてください。
> • 수업을 듣**는 동안** 밖에 비가 왔네요! 授業を聞いている間に外に雨が降りましたね!

주의사항　注意事項

1) 'N 동안(에)'은 '방학, 휴가, 시험기간, 일주일, 한 달, 일 년' 등과 같이 시간을 나타내는 단어와 같이 사용한다.
'N 동안(에)'は'방학, 휴가, 시험기간, 일주일, 한 달, 일 년'等のように時間を表わす単語と一緒に使う。

> 例　방학 동안에 아르바이트를 했어요. 学期休みの間にアルバイトをしました。
> 　　(시간)　　　　　　　　　　　　　(時間)

2. 연습하기　練習

※ 다음을 보고 '−는 동안(에)'을 사용하여 알맞은 문장을 완성하십시오.

1) 어머니께서 요리를 ＿＿＿＿＿＿＿＿＿＿＿ 아버지께서는 청소를 하셨어요. (하다)

2) 혜경이가 잠을 ＿＿＿＿＿＿＿＿＿＿＿ 전화가 많이 왔어요. (자다)

3) 학생들이 책을 ＿＿＿＿＿＿＿＿＿＿＿ 선생님께서 칠판에 글씨를 쓰셨다. (읽다)

解答

1) 하시는 동안　　2) 자는 동안　　3) 읽는 동안

–아/어 버리다 ★

1. 알아두기　用法の確認

		–아/어 버리다
동사 動詞	먹다	먹어 버리다
	가다	가 버리다
	말하다	말해 버리다

① 어떤 일이 모두 끝난 것을 강조할 때 사용한다.　あることが全て終わったことを強調する時に使う。

例
- 동생이 마실 물을 남기지 않고 다 마셔 **버렸어요**.
  弟(妹)が飲む水を残さずに全部飲んでしまいました。
- 친구와 전화하다가 화가 나서 전화를 끊어 **버렸어요**.
  友達と電話して腹が立って電話を切ってしまいました。
- 어젯밤에 피곤해서 씻지도 못하고 자 **버렸어요**.　昨夜、疲れてシャワーもしないで寝てしまいました。

주의사항　注意事項

- '–아/어 버리다'는 문장의 끝에서 주로 과거형으로 쓴다.
  '–아/어 버리다'は文の終わりで主に過去形で使う。
  例　친구가 기다리지 않고 가 버렸어요. (O)　友達が待たずに行ってしまいました。
  　　친구가 기다리지 않고 가 버려요. (X)　友達が待たずに行ってしまいます。

TIP

1) '잊어버리다', '잃어버리다' 등의 단어처럼 자주 사용하는 단어는 문법이라고 생각하지 않고 하나의 단어로 사용하고 있어요.
   '잊어버리다'、'잃어버리다'等の単語のようによく使う単語は文法だと考えず、1つの単語として使います。
   例) 그 약속을 잊어버렸어요.　その約束を忘れてしまいました。
   　　지갑을 잃어버렸어요.　財布をなくしてしまいました。

2) 하기 싫지만 꼭 해야 하는 일을 하고 난 후에 시원한 기분으로 말할 때도 사용할 수 있어요.
   やりたくないけれど必ずしなければならないことをやり終えた後にすっきりした気持ちで話す時も使用できます。
   例) 주말에 놀기 위해 숙제를 미리 끝내 버렸어요.
   　　週末に遊ぶために宿題を前もって終わらせてしまいました。

※ 다음을 보고 '-아/어 버리다'를 사용하여 대화를 완성하십시오.

1) 친구의 비밀을 다른 친구들에게 ＿＿＿＿＿＿＿＿＿＿＿＿. (말하다)

2) 어제 영화를 보다가 재미없어서 중간에 ＿＿＿＿＿＿＿＿＿＿＿＿. (나오다)

3) 엄마가 손님에게 드리려고 만들어 놓은 음식을 제가 ＿＿＿＿＿＿＿＿＿＿＿＿. (먹다)

解答

1) 말해 버렸어요　　　2) 나와 버렸어요　　　3) 먹어 버렸어요

연습 문제 練習問題

1 (   )에 알맞은 것을 고르십시오.

> 저는 10년 후에도 한국에서 살고 싶습니다. 대학교를 졸업한 후에도 한국 회사에 취직해서 일하고 싶습니다. 한국 회사에 (   ) 앞으로 열심히 한국어를 배우려고 합니다.

❶ 취직하기 때문에　　　　　　❷ 취직하기 위해서
❸ 취직한 후에도　　　　　　　❹ 취직할 수 있어서

2 다음 빈칸에 알맞은 것을 고르십시오.

> 가: 벌써 영화가 끝났어요?
> 나: 아니요. 영화가 재미없어서 ____________________.

❶ 나와야 해요　　　　　　　　❷ 나오려고 해요
❸ 나와 버렸어요　　　　　　　❹ 나올 거예요

3 다음 밑줄 친 부분에 들어갈 말로 가장 알맞은 것을 쓰십시오.

> 어제 책을 ____________________ 샤워를 했습니다.

unit 9
문법 9

연습 문제 練習問題

4 빈칸에 가장 알맞은 것을 고르십시오.

> 가: 제가 요리를 할게요.
> 나: 그럼 저는 철수 씨가 _______________________ 청소를 할게요.

❶ 요리하기 때문에 ❷ 요리를 하려고

❸ 요리를 하면서 ❹ 요리하는 대신에 

5 다음 (   )에 알맞은 것을 고르십시오.

> 유럽을 (   ) 다양한 사람들을 만날 수 있었어요.

❶ 여행하는 동안 ❷ 여행해야 해서

❸ 여행했지만 ❹ 여행하지 말고

1. 알아두기   用法の確認

		–아/어야겠다
동사 動詞	먹다	먹**어야겠다**
	가다	가**야겠다**
	공부하다	공부**해야겠다**

❶ 필요한 어떤 일을 할 거라는 의지를 나타낸다.   必要なあることをするという意志を表わす。

例 ▶
- 다음 시험부터는 공부를 열심히 **해야겠어요**.   次の試験からは勉強を頑張らなければなりません。
- 내일부터는 운동을 **해야겠어요**.   明日からは運動をしなければなりません。
- 다음에는 지각을 하지 말**아야겠어요**.   今度は遅刻をしないようにしなければなりません。

2. 더 알아두기   チェックポイント

▶ 부정형은 '–지 말아야겠다'이다.
否定形は'– 지 말아야겠다'だ。

例 ▶
- 내일부터는 늦게 자지 말**아야겠어요**.   明日からは遅く寝るのをやめなければなりません。

3. 연습하기   練習

※ 다음 그림을 보고 '–아/어야겠다'를 사용해서 문장을 완성하십시오.

1)

건강을 위해서 아침마다 ________________

________________________________ .

2)

너무 졸려서 ________________________

________________________________ .

3)

주말에 ___________________________________

___________________________________.

unit 10
문법 10

–아/어야 되다 ★

 用法の確認

		–아/어야 되다
동사 動詞	먹다	먹**어야 되다**
	가다	가**야 되다**
	공부하다	공부**해야 되다**
형용사 形容詞	좋다	좋**아야 되다**
	싸다	싸**야 되다**

		이어/여야 되다
명사+이다 名詞	모델	모델**이어야 되다**
	의사	의사**여야 되다**

❶ 어떤 일을 하는 것이나 상태가 꼭 필요할 때 사용한다.
あることをすること、又は状態が必ず必要な時に使う。

例 ▶ • 오늘은 일찍 집에 가**야 돼요**. 今日は早く家に帰らなくてはなりません。

• 다른 나라에 가면 그 문화를 잘 알**아야 된다**. 他の国に行けばその文化をよく知らなければならない。

• 우리 집은 가족이 많으니까 넓은 집이**어야 돼요**.
うちは家族が多いから広い家でなければなりません。

 チェックポイント

▶ '–아/어야 되다'는 '–아/어야 하다'⁰¹⁴와 바꾸어 사용할 수 있다.
'–아/어야 되다'는'–아/어야 하다'と置き換えて使うことができる。

例 ▶ • 내일 공항에 가**야 돼요**. 明日、空港に行かなくてはなりません。

= 내일 공항에 가**야 해요**.

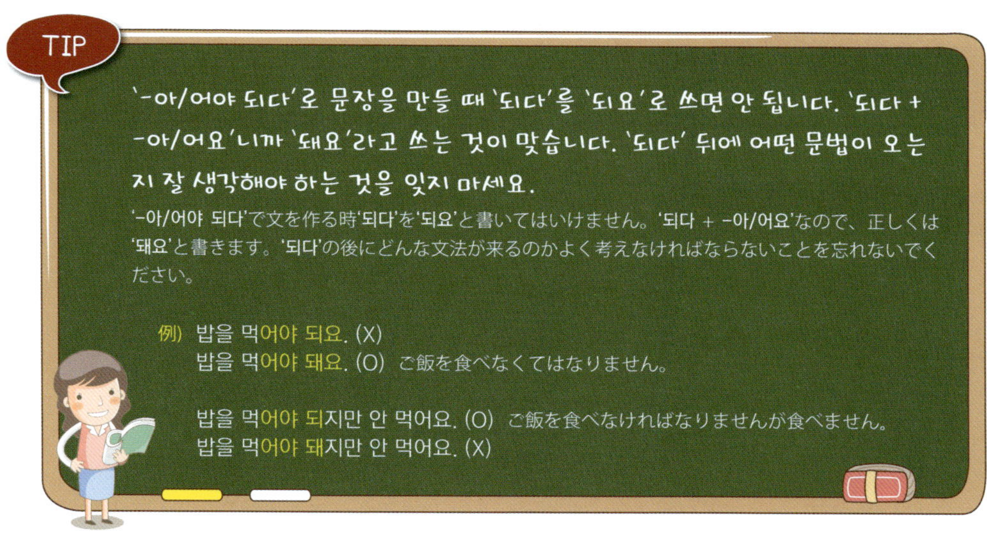

3. 연습하기　練習

※ 다음을 보고 '-아/어야 되다'를 사용해서 다음 문장을 완성하십시오.

1) 건강하게 살고 싶으면 꾸준히 운동을 _______________________. (하다)

2) 핸드폰을 고치려면 3일 더 _______________________. (기다리다)

3) 약속을 했으니까 반드시 _______________________. (지키다)

解答

1) 해야 돼요　　　2) 기다려야 돼요　　　3) 지켜야 돼요

unit 10
문법 10

		−아/어하다
형용사 形容詞	예쁘다	예**뻐하다**
	힘들다	힘들**어하다**
	행복하다	행복**해하다**

❶ 다른 사람의 감정을 나타낼 때 사용한다. 　他の人の感情を表わす時に使う。

例
- 학생들이 숙제가 많아서 힘들**어해요**. 　学生たちが宿題が多くて大変がっています。
- 할머니께서 손녀를 예**뻐하세요**. 　おばあさんが孫娘を可愛いがっていらっしゃいます。
- 혜경 씨가 어제 이사를 해서 피곤**해해요**. 　ヘギョンさんが昨日引っ越しをして疲れています。

주의사항 注意事項

- '예쁘다, 힘들다, 피곤하다, 기쁘다, 슬프다, 행복하다, 즐겁다, 귀엽다, 무섭다, 춥다, 덥다, 배고프다, 어렵다, 쉽다'와 같은 형용사와 어울린다.
  '예쁘다, 힘들다, 피곤하다, 기쁘다, 슬프다, 행복하다, 즐겁다, 귀엽다, 무섭다, 춥다, 덥다, 배고프다, 어렵다, 쉽다'のような形容詞と一緒に使われる。

  例
  - 집에 온 친구는 피곤해하며 일찍 잤어요. 　家に来た友達は疲れて早く寝ました。
  - 친구는 대학에 합격해서 기뻐했어요. 　友達は大学に合格して喜びました。
  - 학생들이 시험을 어려워했어요. 　学生たちが試験を難しがっていました。

※ 다음을 보고 '-아/어하다'를 사용하여 문장을 완성하십시오.

1)

여동생은 강아지를 _______________.

2)

남학생이 자신의 합격 소식을 듣고 _________

________________________________.

3)

도나 씨는 그 소식을 듣고 _______________

________________________________.

解答

1) 예뻐해요/귀여워해요　　　2) 기뻐해요/좋아해요　　　3) 슬퍼해요

unit 10
문법 10

–(으)면 좋겠다 ★

1. 알아두기　　用法の確認

		–(으)면 좋겠다
동사 動詞	먹다	먹**으면 좋겠다**
	가다	가**면 좋겠다**
형용사 形容詞	많다	많**으면 좋겠다**
	싸다	싸**면 좋겠다**

		(이)면 좋겠다
명사+이다 名詞	학생	학생**이면 좋겠다**
	친구	친구**면 좋겠다**

❶ 바람이나 희망을 나타낼 때 사용한다. 　願いや希望を表わす時に使う。

　例　• 가: 날씨도 좋은데 어디 갈까요? 　天気も良いですが、どこ行きましょうか？
　　　 나: 오늘은 공원에 가**면 좋겠어요**. 　今日は公園に行ったらいいと思います。

　　　• 키가 조금 더 크**면 좋겠어요**. 　背がもう少し高ければいいですね。

　　　• 저 사람이 내 친구**면 좋겠어요**. 　あの人が私の友達だったらいいですね。

2. 더 알아두기　　チェックポイント

▶ '–(으)면 좋겠다'는 '–았/었으면 좋겠다'와 바꾸어 사용할 수 있다.
'–(으)면 좋겠다'は'–았/었으면 좋겠다'と置き換えて使うことができる。

　例　• 오늘은 영화를 보**면 좋겠어요**. 　今日は映画を見たらいいと思います。
　　　 = 오늘은 영화를 봤**으면 좋겠어요**.

3. 연습하기　　練習

※ 다음을 보고 '–(으)면 좋겠다'를 사용하여 문장을 완성하십시오.

1) 이번 방학에는 여행을 ＿＿＿＿＿＿＿＿＿＿＿＿＿＿＿＿＿＿. (가다)

2) 이 옷은 예쁘지만 사이즈가 작습니다. 사이즈가 조금 더 ＿＿＿＿＿＿＿＿＿＿＿＿＿＿＿＿. (크다)

3) 배가 고프니까 빨리 밥을 ＿＿＿＿＿＿＿＿＿＿＿＿＿＿＿＿. (먹다)

> 解答
> 1) 가면 좋겠어요　　2) 크면 좋겠어요　　3) 먹으면 좋겠어요

–(으)시– ★

I. 알아두기　用法の確認

		–(으)셨–	–(으)시–
동사 動詞	읽다	읽**으셨**	읽**으시**
	가다	가**셨**	가**시**
형용사 形容詞	좋다	좋**으셨**	좋**으시**
	건강하다	건강하**셨**	건강하**시**

		(이)셨–	(이)시–
명사+이다 名詞	학생	학생**이셨**	학생**이시**
	친구	친구**셨**	친구**시**

❶ 어떤 행동이나 상태의 높임을 나타낸다.　ある行動や状態の尊敬表現を表わす。

> 例　• 어른이 말씀하**실** 때 잘 들어야 해요.　大人が話す時はよく聞かなければなりません。
>
> • 우리 할아버지께서 옛날에 유명한 가수**셨**대요.　うちのおじいちゃんが昔、有名な歌手だったそうだよ。
>
> • 할머니께서 건강하셨는데 갑자기 건강이 나빠지**셨**어요.
> おばあさんがお元気でしたが突然具合が悪くなりました。

주의사항　注意事項

• '–(으)시–'를 사용하여 문장을 만들 때는 문장의 다른 부분도 모두 높이는 것이 좋다.

'–으시–'를 使って文を作る時は文の他の部分も全て尊敬表現にした方が良い。

> 例　할아버지가 책을 읽습니다.　おじいさんが本を読みます。
>
> → 할아버지**께서** 책을 <u>읽**으**십니다</u>.　おじいさんが本をお読みになっています。

• 높임의 '–(으)시–'를 사용하지 않고 높임의 뜻이 있는 단어로 바꾸는 것도 기억해야 한다.

尊敬表現の'–(으)시–'を使わずに尊敬の意味がある単語に変えることも覚えておく必要がある。

· 먹다/마시다 – 드시다 – 잡수시다	· 있다 – 계시다
· 자다 – 주무시다	· 죽다 – 돌아가시다

• '–(으)시–'와 '–아/어요'⁰⁵⁶를 함께 사용하면 '–(으)세요'⁰²⁵가 된다.

'–(으)시–'と'–아/어요'を一緒に使うと'–(으)세요'となる。

> 例　아버지께서 지금 텔레비전을 보세요.　お父さんが今、テレビをご覧になっています。

unit 10
문법 10

※ 다음 문장을 '-(으)시-'를 이용하여 알맞은 문장으로 완성하십시오.

1) 동생이 학교에 갑니다. → 선생님 ____.

2) 내가 누나에게 선물을 줘요. → 어머니 ____.

3) 친구가 녹차를 마셨어요. → 할머니 ____.

解答

1) 선생님께서 학교에 가십니다
2) 어머니께서 누나에게 선물을 주세요
3) 할머니께서 녹차를 드셨어요

연습 문제 練習問題

1 (　　　　)에 알맞은 것을 고르십시오.

> 가: 실례지만, 시간이 늦어서 먼저 (　　　　　　　　　　　　).
> 나: 네, 조심해서 가세요.

❶ 가 봐야겠어요　　　　　　　❷ 가 보세요
❸ 가거든요　　　　　　　❹ 가는지 알아요 

2 다음 중 밑줄 친 부분이 <u>틀린</u> 것을 고르십시오.

❶ 아버지께서 회사에 <u>계세요</u>?
❷ 혜경아, 이 옷을 할머니께서 <u>주셨어</u>?
❸ 할아버지, 이 불고기를 <u>먹어요</u>.
❹ 선생님께서 학생들에게 <u>말씀하셨어요</u>. **050**

3 (　　　　)에 알맞은 것을 고르십시오.

> 가: 그 영화가 그렇게 재미있었어요?
> 나: 네, 재미있었어요. 그렇지만 제 동생은 좀 (　　　　　　　　　　).

❶ 무섭거든요　　　　　　　❷ 무서워했어요
❸ 무서워서요　　　　　　　❹ 무서울래요 **048**

unit 10
문법 10

4 다음 빈칸에 알맞은 것을 고르십시오.

> 가: 명절에 고향에 가려면 미리 기차표를 사는 게 좋겠지요?
> 나: 네. 명절에는 고향에 가려는 사람이 많으니까 미리 ＿＿＿＿＿＿＿＿＿＿＿＿.

❶ 샀어요　　　　　　　❷ 사게 해요
❸ 사니까요　　　　　　　❹ 사야 돼요 **047**

연습 문제 練習問題

5 다음 글을 읽고 (   )에 알맞은 것을 고르십시오.

> 가: 오늘 점심은 뭘 먹을까요?
> 나: 좀 더우니까 시원한 걸 (   ).
> 가: 그럼, 냉면은 어때요?
> 나: 좋아요. 냉면을 먹으러 가요.

❶ 먹어 버렸어요　　　　　　❷ 먹고 있어요

❸ 먹지 마세요　　　　　　❹ 먹으면 좋겠어요　　

-(으)ㄴ 지 -이/가 되다 ★

		-(으)ㄴ 지 -이/가 되다
동사 動詞	먹다	먹은지 -이/가 되다
	가다	간 지 -이/가 되다

❶ 어떤 일을 시작하고 나서 지난 시간을 나타낼 때 사용한다.
あることを始めてから過ぎた時間を表わす時に使う。

例 ▸
- 한국에 온 **지** 1년**이 되**었어요. 韓国に来て1年になりました。
- 이 건물을 지**은 지** 100년**이 되**었습니다. この建物を建てて100年になりました。
- 그 사람을 만난 **지** 벌써 3년**이 되**었네요. その人に会ってもう3年になりましたね。

주의사항　注意事項

- '되다' 대신 '지나다'를 사용할 수도 있다.
  '되다'の代わりに'지나다'を使うこともできる。

  例 결혼한 지 1년이 되었다. 結婚して1年になった。
  = 결혼한 지 1년이 지났다. 結婚して1年が過ぎた。

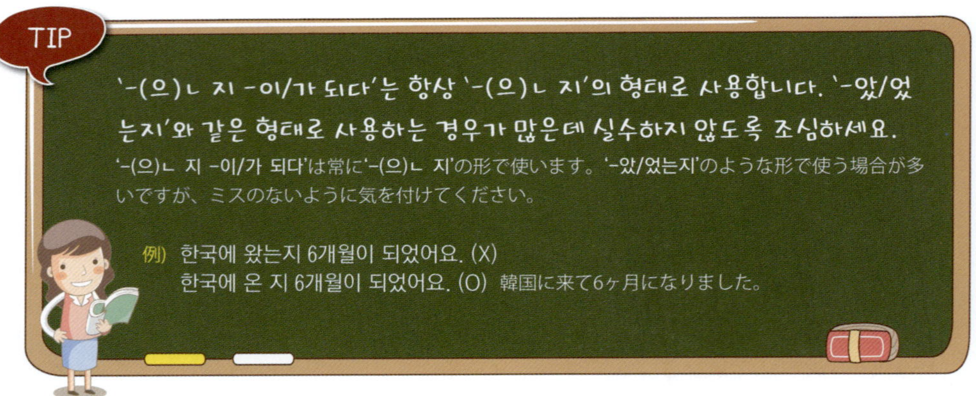

※ 다음 그림을 보고 '-(으)ㄴ 지 -이/가 되다'를 사용하여 대화를 완성하십시오.

1) 

가: 한국에 언제 왔어요?

나: 한국에 ______________________________________.

2)     

가: 피자를 시켰는데 배달이 늦네요.

나: 전화한 지 ____________________ [(으)니까] 곧 도착할 거예요.

解答

1) 온 지 2년이 되었어요　　　2) 30분이 되었으니까

unit 11
문법 11

052 　-(으)ㄴ 후에 ★

		-(으)ㄴ후에
동사 動詞	먹다	먹은 **후에**
	가다	간 **후에**

❶ 어떤 일이 끝난 다음을 나타낸다.　あることが終わった後を表わす。

> 例 ▶ ・가 : 시험이 끝난 **후에** 무엇을 하고 싶어요?　試験が終わった後に何をしたいですか？
> 　　나 : 많이 자고 싶어요.　たくさん寝たいです。
> ・밥을 먹은 **후에** 커피를 마실 거예요.　ご飯を食べた後にコーヒーを飲むつもりです。
> ・한국에 온 **후에** 한국말을 잘하게 되었어요.　韓国に来た後に韓国語が上手になりました。

▶ 명사는 '후에'의 형태로 사용한다.　名詞には'後に'の形で使う。

> 例 ▶ ・30분 후에 식당 앞에서 만납시다.　30分後に食堂の前で会いましょう。
> ・도나 씨는 조금 후에 올 거예요.　ドナさんは少し後で来ます。

▶ '-(으)ㄴ 후에'와 '-기 전에 042'의 문법 비교　'-(으)ㄴ 후에'と'-기 전에'の文法比較

'-기 전에'는 선행절의 행동보다 후행절의 행동이 먼저 일어난다는 것을 말할 때 사용하지만 '-은 후에'는 선행절의 행동보다 후행절의 행동이 나중에 일어난다는 것을 말할 때 사용한다.

'-기 전에'は先行節の行動より後行節の行動が先に起きることを述べる時に使うが、'-은 後에'は先行節の行動より後行節の行動が後ど起きることを述べる時に使う。

오전 7:00	오전 8:00	오전 9:00

> 例 ▶ ・밥 먹**기 전에** 샤워했어요.　ご飯食べる前にシャワーしました。
> ・공부하**기 전에** 밥 먹었어요.　勉強する前にご飯食べました。
> ・샤워 한 **후에** 밥 먹었어요.　シャワーした後にご飯食べました。
> ・밥 먹은 **후에** 공부했어요.　ご飯食べた後に勉強しました。

▶ '-(으)ㄴ 후에'는 '-고'⁰⁰²의 **2**번 의미와 바꾸어 사용할 수 있다.
'-(으)ㄴ 후'は'-고'の❷の意味と置き換えて使うことができる。

> **例** ・아침 8시에 밥을 먹은 후에 9시에 학교에 갔어요. 朝8時にご飯を食べた後、9時に学校に行きました。
> = 아침 8시에 밥을 먹고 9시에 학교에 갔어요. 朝8時にご飯を食べて、9時に学校に行きました。

3. 연습하기　　練習

※ 다음 그림을 보고 '-(으)ㄴ 후에'를 사용하여 문장을 완성하십시오.

1) 아침에 일어난 후에 세수를 했어요.

2) ______________________________ 아침밥을 먹었어요.

3) ______________________________ 학교에 갔어요.

4) ______________________________ 공부했어요.

5) ______________________________ 영화를 봤어요.

6) ______________________________ 집에 왔어요.

> 解答
>
> 2) 세수를 한 후에　　3) 아침밥을 먹은 후에　　4) 학교에 간 후에
>
> 5) 공부를 한 후에　　6) 영화를 본 후에

053　–지 못하다 ★

		–지 못하다
동사 動詞	먹다	먹**지 못하다**
	가다	가**지 못하다**

❶ 어떤 일을 할 수 없다는 것을 나타낸다.　あることができないということを表わす。

> 例 ▶ ・저는 아직 승준 씨를 잊**지 못했어요**.　私はまだスンジュンさんを忘れられません。
>
> ・그 문법을 이해하**지 못하겠어요**.　その文法を理解できません。
>
> ・바빠서 아직 연락하**지 못했어요**.　忙しくてまだ連絡できていません。

▶ 문법 '못'**⁰⁰⁹**을 사용하여 짧게 말할 수도 있다.
'못'を使って短く言うこともできる。

> 例 ・아파서 숙제를 하**지 못했**어요.　具合が悪くて宿題ができませんでした。
> = 아파서 숙제를 **못** 했어요.　具合が悪くて宿題ができませんでした。

▶ **'–지 못하다'와 '–지 않다'⁰⁵⁴의 문법 비교**　'–지 못하다'と'–지 않다'の文法比較

'–지 못하다'는 어떤 일을 할 수 있는 능력이 없다는 것을 나타낸다. 반면에 '–지 않다'는 말하는 사람이 어떤 일을 하려는 의지가 없다는 것을 나타낸다.
'–지 못하다'はあることができる能力がないことを表わす。一方'–지 않다'は話者があることをしようとする意志がないことを表わす。

> 例 ・저는 혜경 씨를 만나**지 못해요**. (사정이 있어서 만나고 싶어도 만날 수 없다.)
> 私はヘギョンさんに会えません。(事情があって会いたくても会うことはできない。)
>
> ・저는 혜경 씨를 만나**지 않아요**. (만날 수 있지만 만나고 싶지 않다.)
> 私はヘギョンさんに会いません。(会えるが会いたくない。)

※ 다음을 보고 '-지 못하다'를 사용하여 대화를 완성하십시오.

1) 가: 오늘 만날 수 있어요?

   나: 미안해요. 오늘 바빠서 _______________________.

2) 가: 떡볶이 먹으러 갈까요?

   나: 미안해요. 저는 매운 음식을 _______________________.

3) 가: 숙제 다 했어요?

   나: 죄송해요. 어제 친구가 놀러 와서 _______________________.

解答

1) 만나지 못해요   2) 먹지 못해요   3) 하지 못했어요

練習

unit 11
문법 11

054

–지 않다 ★

		–지 않다
동사 動詞	먹다	먹**지 않다**
	가다	가**지 않다**
형용사 形容詞	작다	작**지 않다**
	크다	크**지 않다**

1 어떤 행동이나 상태를 부정할 때 사용한다. 　ある行動や状態を否定する時に使う。

> 例
> - 가: 아침을 먹었어요? 　朝ご飯を食べましたか？
> - 나: 아니요, 먹**지 않**았어요. 　いいえ、食べませんでした。
> - 가: 주말에 여행을 가요? 　週末に旅行に行きますか？
> - 나: 아니요, 가**지 않**아요. 　いいえ、行きません

▶ '–지 않다'는 '안'016과 바꾸어 사용할 수 있다.
'–지 않다'は'안'と置き換えて使うことができる。

> 例
> - 지금 자**지 않**을 거예요. 　今は寝ません。
> = 지금 **안** 잘 거예요.

 ▶ '–지 않다'와 '–지 못하다'053의 문법 비교(p.156) 　'–지 않다'と'–지 못하다'の文法比較

※ 다음을 보고 '-지 않다'를 사용하여 대화를 완성하십시오.

1) 가: 날마다 책을 읽어요?

　　나: 아니요, ___________________________.

2) 가: 운전하는 것을 좋아해요?

　　나: 아니요, ___________________________.

3) 가: 지금 사는 집이 커요?

　　나: 아니요, ___________________________.

解答

1) (날마다) 읽지 않아요　　　2) (운전하는 것을) 좋아하지 않아요　　　3) 크지 않아요

unit 11
문법 11

–지 않아요? ★

		–지 않아요?
동사 動詞	먹다	먹**지 않아요?**
	가다	가**지 않아요?**
형용사 形容詞	좋다	좋**지 않아요?**
	크다	크**지 않아요?**

❶ 듣는 사람의 동의를 기대하면서 의견을 물어볼 때 사용한다.
聴者の同意を期待しながら意見を聞いてみる時に使う。

例
- 가: 늦지 않으려면 10시까지 와야 하**지 않아요?**
  遅れないようにするなら10時まで来るべきではありませんか？
- 나: 10시까지 갈게요.　10時まで行きますね。

- 가: 이 책 재미있**지 않아?**　この本おもしろくない？
- 나: 아니, 나는 별로 재미없었어.　いや、私は特におもしろくなかった。

- 가: 10일 동안 여행 가는데 가방이 너무 작**지 않아요?**
  10日間旅行に行くのにカバンが小さ過ぎませんか？
- 나: 네, 좀 작지요? 큰 것으로 바꾸어야겠어요.
  ええ、ちょっと小さいですよね？大きいのに変えないとです。

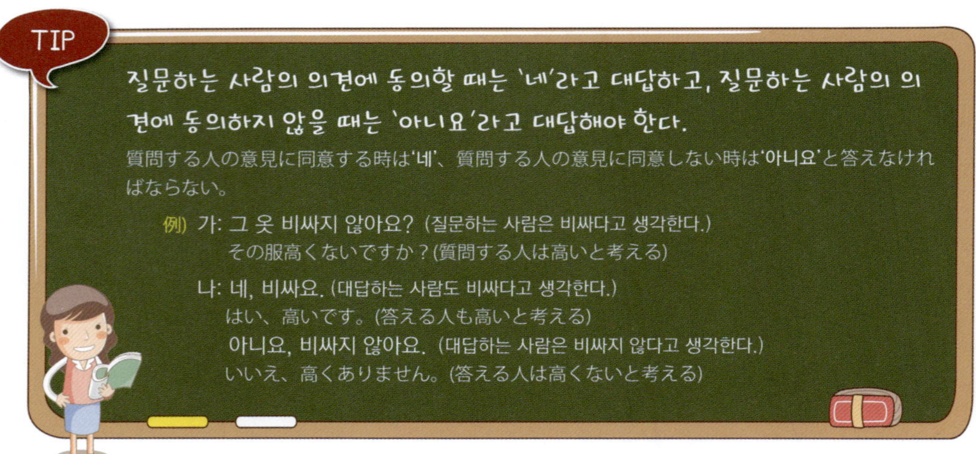

※ 다음을 보고 '–지 않아요?'를 사용하여 대화를 완성하십시오.

1) 가: 너무 ___________________________?

　　나: 네, 너무 비싼 것 같아요.

2) 가: ___________________________?

　　나: 아니, 별로 맛없어.

解答

1) 비싸지 않아요　　　2) 맛있지 않아

연습 문제 練習問題

1 다음 빈칸에 알맞은 것을 고르십시오.

> 가: ______________________?
> 나: 우표를 모은 지 3년이 되었어요.

❶ 우표를 왜 모았어요
❷ 어떤 우표를 모아요
❸ 우표가 몇 개 있어요
❹ 언제부터 우표를 모았어요

051

2 다음 (   )에 들어갈 말로 가장 알맞은 것을 고르십시오.

> 가: 오늘 (   )?
> 나: 아니요, 어제보다 따뜻한 것 같아요.

❶ 더워요
❷ 덥지 않아요
❸ 안 추워요
❹ 춥지 않아요

055

3 다음 두 문장을 바르게 연결한 것을 고르십시오.

> 숙제를 했습니다. 그 다음에 친구를 만났습니다.

❶ 숙제를 한 후에 친구를 만났습니다.
❷ 숙제를 하면서 친구를 만났습니다.
❸ 숙제를 하는데 친구를 만났습니다.
❹ 숙제를 하기 때문에 친구를 만났습니다.

052

4 (   )에 알맞은 것을 고르십시오.

> 가: 오늘 배운 문법 어땠어요?
> 나: 너무 어려워서 (   ).

❶ 이해해야 했어요
❷ 이해하지 못했어요
❸ 이해하고 있었어요
❹ 이해하면 됐어요

053

5 다음 밑줄 친 부분에 들어갈 말로 가장 알맞은 것을 고르십시오.

❶ 네, 크지 않아요   ❷ 네, 작아요
❸ 아니요, 커요   ❹ 아니요, 크지 않아요   **054**

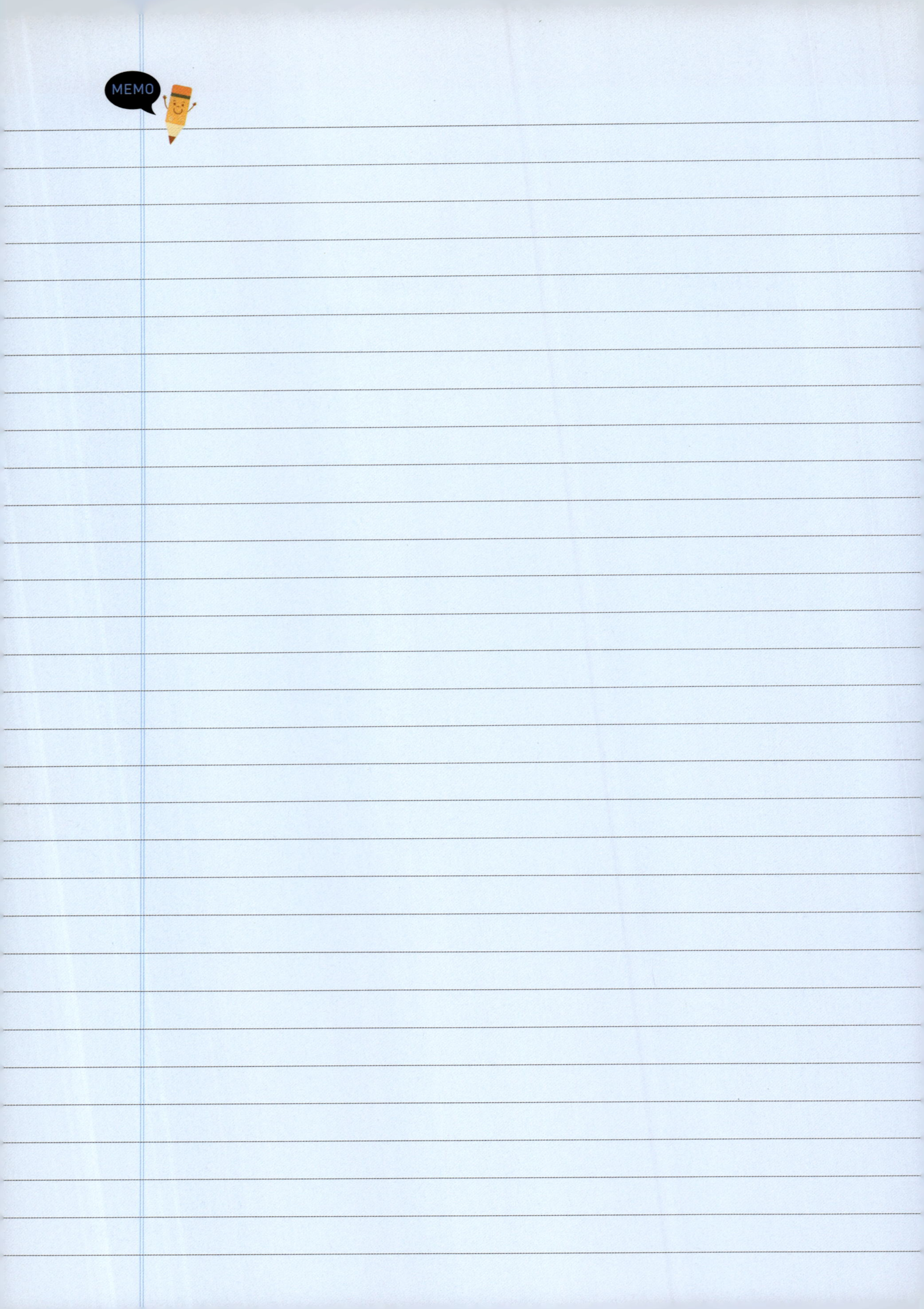
MEMO

시제 時制

I. 알아두기　用法の確認

		-았/었어요	-아/어요	-(으)ㄹ 거예요
동사 動詞	가다	갔어요	가요	갈 거예요
	먹다	먹었어요	먹어요	먹을 거예요
	운동하다	운동했어요	운동해요	운동할 거예요
형용사 形容詞	크다	컸어요	커요	클 거예요
	작다	작았어요	작아요	작을 거예요

		이었/였어요	이에요/예요	일 거예요
명사+이다 名詞	학생	학생이었어요	학생이에요	학생일 거예요
	교사	교사였어요	교사예요	교사일 거예요

❶ 현재의 생각이나 사실을 말할 때 사용한다. 　現在の考えや事実を述べる時に使う。

> 例 ▶ • 아침에 빵과 우유를 먹**어요**. 　朝ご飯にパンと牛乳を食べます(飲みます)。
> • 매일 아침마다 운동**해요**. 　毎朝、運動します。
> • 저는 유학생**이에요**. 　私は留学生です。

❷ 다른 사람에게 어떤 일을 하라고 말할 때 사용한다. 　他の人にあることをするように命じる時に使う。

> 例 ▶ • 빨리 출발**해요**. 늦겠어요. 　はやく出発してください。遅れます。
> • 오늘은 일찍 자**요**. 　今日は早く寝てください
> • 나는 요리를 할 테니까 당신은 청소를 **해요**. 　私は料理をするから掃除をしてください。

❸ 어떤 일을 함께 하자는 의미를 나타낸다. 　あることを一緒にしようという意味を表わす。

> 例 ▶ • 우리 점심을 먹으러 가**요**. 　私たち昼食を食べに行きましょう。
> • 시간 있으면 차 한 잔 **해요**. 　時間があればお茶を一杯飲みましょう。
> • 주말에 같이 운동**해요**. 　週末に一緒に運動しましょう。

▶ 의문형도 형태가 같다. 疑問形も同じ形をとる。

> 例 ・가: 어디에서 **살아요**? どこに住んでいますか？
> 　　나: 서울에서 **살아요**. ソウルに住んでいます。

▶ '-아/어요'가 ❷의 의미일 때 '-(으)세요'**025**와 바꾸어 사용할 수 있다.
'-아/어요'が❷の意味の時'-(으)세요'と置き換えて使うことができる。

> 例 ・가: 물건을 싸게 사려면 어디로 가는 것이 좋을까요? 物を安く買うにはどこへ行った方が良いでしょうか？
> 　　나: 시장에 가서 사요. 市場に行って買ってください。
> 　　　=시장에 가서 사**세요**.

▶ '-아/어요'가 ❸의 의미일 때 '-(으)ㅂ시다'**035**와 바꾸어 사용할 수 있다.
'-아/어요'が❸の意味の時'-(으)ㅂ시다'と置き換えて使うことができる。

> 例 ・가: 내일 뮤지컬 공연을 보러 갈까요? 明日ミュージカル公演を見に行きましょうか？
> 　　나: 좋아요. 같이 가요. いいですね。一緒に行きましょう。
> 　　　=좋아요. 같이 **갑시다**.

3. 연습하기　　練習

※ 다음을 보고 '-아/어요'를 사용하여 대화를 완성하십시오.

1) 가: 아침에 주로 무엇을 먹어요?

　나: ________________________________. (빵을 먹다)

2) 가: 오늘 날씨가 어때요?

　나: ______________________________. (따뜻하다)

3) 가: 벌써 2시네요. 빨리 ____________________. (출발하다)

　나: 서두르지 마세요. 아직 시간이 있어요.

4) 가: 시간 있으면 ____________________. (같이 영화를 보다)

　나: 네, 좋아요.

> 解答
>
> 1) 빵을 먹어요　　2) 따뜻해요　　3) 출발해요　　4) 같이 영화를 봐요.

unit **12**
시제

I. 알아두기　用法の確認

		–았/었어요	–아/어요	–(으)ㄹ 거예요
동사 動詞	가다	**갔어요**	가요	갈 **거예요**
	먹다	**먹었어요**	먹**어요**	먹을 **거예요**
	공부하다	공부**했어요**	공부**해요**	공부할 **거예요**
형용사 形容詞	크다	**컸어요**	커요	클 **거예요**
	작다	작**았어요**	작**아요**	작을 **거예요**

		이었/였어요	이에요/예요	일 거예요
명사+이다 名詞	학생	학생**이었어요**	학생**이에요**	학생일 **거예요**
	교수	교수**였어요**	교수**예요**	교수일 **거예요**

❶ 과거의 생각이나 사실을 말할 때 사용한다. 過去の考えや事実を述べる時に使う。

> 例　• 5년 전에 그 사람을 처음 만**났어요**. 5年前にその人に初めて会いました。
>
> • 마이클 씨는 지난달에 고향으로 돌아**갔어요**. マイケルさんは先月故郷へ戻りました。
>
> • 제 생일은 지난달**이었어요**. 私の誕生日は先月でした。

2. 연습하기　練習

※ 다음을 보고 '–았/었–'을 사용하여 대화를 완성하십시오.

1) 가: 어제 뭐 했어요?

　나: ________________________________. (영화를 보다)

2) 가: 지난 주말에 바빴어요?

　나: ________________________________. (바쁘다)

3) 가: 점심에 무엇을 먹었어요?

　나: ________________________________. (비빔밥을 먹다)

解答

1) 영화를 봤어요　　2) 바빴어요　　3) 비빔밥을 먹었어요

Ⅰ. 알아두기   用法の確認

		–았/었어요	–아/어요	–(으)ㄹ 거예요
동사 動詞	먹다	먹**었어요**	먹**어요**	먹을 거예요
	가다	갔**어요**	가요	갈 거예요
	공부하다	공부**했어요**	공부**해요**	공부할 거예요
형용사 形容詞	좋다	좋**았어요**	좋**아요**	좋을 거예요
	싸다	쌌**어요**	싸요	쌀 거예요

		이었/였어요	이에요/예요	일 거예요
명사+이다 名詞	학생	학생**이었어요**	학생**이에요**	학생일 거예요
	친구	친구**였어요**	친구**예요**	친구일 거예요

❶ 앞으로 일어날 일을 말할 때 사용한다. これから起きることを述べる時に使う。

> 例 ▸ ·저는 내일 명동에 갈 **거예요**. 私は明日、明洞に行くつもりです。
>
> ·저녁에 무엇을 먹**을 거예요**? 夕方に何を食べるつもりですか？

❷ 어떤 일이나 상태에 대한 추측을 나타낸다. あることや状態に対する推測を表わす。

> 例 ▸ ·스티븐 씨도 그 음식을 좋아할 **거예요**. スティーブンさんもその食べ物が好きでしょう。
>
> ·그 사람의 직업이 아마 교사**일 것이다**. その人の職業は多分先生だろう。
>
> ·아마 지금 바쁠**거니까** 전화하지 마세요. 多分今忙しいでしょうから、電話しないでください。

unit 12
시제

주의사항 注意事項

· **형용사의 경우 ❷의 추측 의미로 주로 사용한다.**
形容詞の場合、主に❷の推測の意味で使う。

> 例 상희 씨의 딸이 엄마를 닮았으면 예쁠 거예요. (O) サンヒさんの娘がママに似ていたらきれいでしょう。

※ 다음을 보고 '-(으)ㄹ 거예요'를 사용하여 알맞은 문장을 완성하십시오.

1) 가: 언제 출장을 가요?

　나: 다음 주에 출장을 ＿＿＿＿＿＿＿＿＿＿＿＿＿＿＿＿＿＿＿＿＿＿. (가다)

2) 가: 내일 날씨가 추울까요?

　나: 네, 내일은 아마 ＿＿＿＿＿＿＿＿＿＿＿＿＿＿＿＿＿＿＿＿. (춥다)

3) 가: 저 남자는 누구예요?

　나: 아마 승준 씨의 ＿＿＿＿＿＿＿＿＿＿＿＿＿＿＿＿＿＿＿＿. (형이다)

解答

1) 갈 거예요　　2) 추울 거예요　　3) 형일 거예요

연습 문제 練習問題

1 다음 빈칸에 알맞은 것을 고르십시오.

> 가: 오늘 파티에 그 사람이 올까요?
> 나: 아마 ______________________________.

① 왔어요　　　　　　　　　　② 오세요
③ 올 거예요　　　　　　　　　④ 온 것 같아요　　　　**058**

2 (　　　)에 알맞은 것을 고르십시오.

> 가: 휴대 전화가 있습니까?
> 나: 네, (　　　　　　　　　　).

① 있으세요　　　　　　　　　② 있겠어요
③ 있어요　　　　　　　　　　④ 있읍시다　　　　　**056**

3 (　　　)에 알맞은 것을 고르십시오.

> 가: 방학 때 고향에 가서 친구를 많이 만났어요?
> 나: 네, 오랜만에 보니까 정말 (　　　　　　　　　　　).

① 반가웠어요　　　　　　　　② 반가워서요
③ 안 반가워요　　　　　　　　④ 반가웠겠어요　　　**057**

4 (　　　)에 알맞은 것을 고르십시오.

> 가: 지난 주말에도 친구들과 도서관에 (　　　　　　　　　　　)?
> 나: 네, 도서관에 (　　　　　　　　　).

① 가세요　　　　　　　　　　② 가요
③ 갔어요　　　　　　　　　　④ 가겠어요　　　　　**057**

5 (　　　　)에 알맞은 것을 고르십시오.

> 가: 일요일에 뭐 했어요?
> 나: 부모님과 같이 (　　　　　　　　　　　).

❶ 등산해요　　　　　　　　　　❷ 등산했어요
❸ 등산하겠어요　　　　　　　　❹ 등산할 거예요　　　　**057**

6 (　　　　)에 알맞은 것을 고르십시오.

> 가: 지금 어디에 가요?
> 나: 운동장에 (　　　　　　　　　).

❶ 가요　　　　　　　　　　　　❷ 갈게요
❸ 가세요　　　　　　　　　　　❹ 갔습니다　　　　**056**

7 (　　　　)에 알맞은 것을 고르십시오.

> 가: 시간이 없는데 택시를 탈까요?
> 나: 아니요, 지금 길이 너무 막혀요.
> 가: 그럼, 지하철을 탈까요?
> 나: 그래요. 지하철을 (　　　　　　　　　　　).

❶ 타요　　　　　　　　　　　　❷ 탈게요
❸ 타세요　　　　　　　　　　　❹ 탔어요　　　　**056**

8 다음 글을 읽고 (　　　　)에 알맞은 말을 쓰십시오.

> 가: 이번 주말에 뭐 할 거예요?
> 나: (　　　　　　　　　　　).
> 가: 어떤 영화요?
> 나: 아직 정하지 않았어요.

058

9 다음 빈칸에 알맞은 것을 고르십시오.

❶ 돌아왔어요　　　　　　　❷ 돌아올 거예요

❸ 돌아온다고 해요　　　　　❹ 돌아오기 때문이에요 

MEMO

059 도 ★★★

		도
명사 名詞	선생님	선생님**도**
	친구	친구**도**

❶ 다른 것과 마찬가지일 때 사용한다.　他のものと同じである時に使う。

> 例 ▶ ・오늘**도** 어제처럼 비가 오네요.　今日も昨日のように雨が降っていますね。
>
> 　　・제 친구**도** 거기에 간다고 했어요.　私の友達もそこに行くと言っていました。

❷ 앞 문장에 추가로 비슷한 상황을 더할 때 사용한다.
前の文に追加して似た状況をさらに加える時に使う。

> 例 ▶ ・주말에 친구를 만나서 쇼핑을 할 거예요. 그리고 영화**도** 볼 거예요.
>
> 　　週末に友達に会ってショッピングをするつもりです。そして映画も見るつもりです。
>
> 　　・고기만 먹지 말고 채소**도** 먹어요.　肉ばかり食べずに野菜も食べてください。

※ 다음 그림을 보고 '도'를 사용하여 문장을 완성하십시오.

1)

이 사과는 1,000원이에요. ___________________________.

2)

과자를 먹었어요. 그리고 ___________________________.

3)

일	월	화	수	목	금	토
책 읽기	수영하기		수영하기	음악 듣기	수영하기	

월요일과 수요일에 수영을 해요. 금요일____.

unit 13
조사 1

보다 ★★★

		보다
명사 名詞	형	형**보다**
	여자	여자**보다**

❶ 어떤 대상을 비교하여 말할 때 사용한다.　ある対象を比較して述べる時に使う。

> 例
> - 동생이 형**보다** 키가 크다.　弟(妹)は兄より背が高い。
> - 어제**보다** 오늘이 덜 추운 것 같아요.　昨日より今日はそんなに寒くないようです。
> - 언니**보다** 오빠가 노래를 더 잘해요.　姉より兄の方がもっと歌が上手です。

주의사항　注意事項

- '보다'는 '(훨씬) 더/덜'과 같이 많이 사용한다.
  '보다'は'(훨씬) 더/덜'と一緒によく使う。

  > 例　사과**보다** 바나나를 훨씬 더 좋아해요.　リンゴよりバナナの方がはるかに好きです。
  >
  > 　　점심**보다** 저녁에 덜 먹는 편이에요.　昼食より夕飯はあまり食べない方です。

※ 다음 그림을 보고 '보다'를 사용하여 대화를 완성하십시오.

1)

가: 여기에서 뭐를 타고 가는 게 빠를까요?

나: 길이 막히니까 ___________________

　　더 빠를 거 같아요.

2)

가: 무슨 음식을 더 좋아해요?

나: ___________________

　　더 좋아해요.

3)

가: 무슨 영화가 재미있어 보여요?

나: _______________________________ 재미
있어 보여요.

解答

1) 택시보다 지하철이   2) 비빔밥보다 피자를   3) 액션 영화보다 코미디 영화가

(으)로 ★★★

 用法の確認

		(으)로
명사 名詞	집	집**으로**
	회사	회사**로**

❶ 주어가 이동하는 장소의 방향을 나타낼 때 사용한다.
主語が移動する場所の方向を表わす時に使う。

例
- 가: 여기에서 어떻게 가야 해요?　ここからどうやって行かなければなりませんか？
　나: 여기에서 오른쪽**으로** 가세요.　ここから右に行ってください。
- 가: 이따가 회사**로** 올래?　あとで会社に来る？
　나: 그래. 가서 전화할게.　うん。行ったら電話するから。

❷ 어떤 행동의 수단이나 방법을 나타낼 때 사용한다.
ある行動の手段や方法を表わす時に使う。

例
- 이 가위**로** 잘라 보세요.　このはさみで切ってみてください。
- 이 펜**으로** 쓰셔야 합니다.　このペンで書かなければなりません。
- 버스**로** 학교에 가요.　バスで学校に行きます。

주의사항 注意事項

- '지하철, 서울'과 같이 단어의 마지막에 'ㄹ' 받침이 있는 경우에는 '로'를 사용한다.
 '지하철, 서울'のように単語の最後に'ㄹ'パッチムがある場合には'로'を使う。

 例 지하철**로** 가면 편해요.(○) 地下鉄で行けば楽です。

　지하철**으로** 가면 편해요.(×)

　서울**로** 가는 기차를 타야 해요.(○) ソウル行き汽車に乗らなければなりません。

　서울**으로** 가는 기차를 타야 해요.(×)

※ 다음 그림을 보고 '(으)로'를 사용하여 대화를 완성하십시오.

1)

가: 이번 휴가는 어디로 갈까요?

나: ______________________________

　　가고 싶어요.

2)

가: 몇 층으로 가야 해요?

나: ______________________________

　　오세요.

3)

가: 한국 사람들은 무엇으로 음식을 먹어요?

나: 보통 ______________________________

　　먹어요.

解答

1) 부산으로　　　2) 5층으로　　　3) 숟가락과 젓가락으로

unit 13
조사 1

062

은/는 ★★★

		은/는
명사 名詞	학생	학생**은**
	친구	친구**는**

① 어떤 것에 대해서 말할 때 사용한다.　あることについて述べる時に使う。

例
- 저**는** 프랑스 사람입니다.　私はフランス人です。
- 제 취미**는** 동전 모으기예요.　私の趣味はコイン集めです。
- 승준 씨**는** 내일 여행을 갈 거예요.　スンジュンさんは明日旅行に行くでしょう。

② 대립이나 강조의 의미를 나타낸다.　対立や強調の意味を表わす。

例
- 아침**은** 먹었지만 점심**은** 안 먹었어요.　朝ご飯は食べましたが昼食は食べませんでした。
- 저는 듣기**는** 못하지만 말하기**는** 잘해요.　私は聴解はできませんが会話は得意です。
- 수요일**은** 시간이 있어요.　水曜日は時間があります。

 ▶ '은/는'과 '이/가' 063의 문법 비교　'은/는'と'이/가'の文法比較

①

この携帯電話はデザインが美しいです。

→ 이 휴대 전화는 (성능이 좋고) 디자인이 예뻐요.

この携帯電話は(性能が良くて)デザインが美しいです。

この携帯電話はデザインは美しいです。

→ 이 휴대 전화는 (성능은 안 좋지만) 디자인은 예뻐요.

この携帯電話は(性能は良くないが)デザインは美しいです。

②

"저**는** 영국 사람입니다. 제 취미**는** 노래하기입니다." 私はイギリス人です。私の趣味は歌うことです。

→ 자기 소개할 때는 자기에 대해서 말하므로 '은/는'을 사용한다. (말하기의 주제를 나타냄)

自己紹介する時は自分について話すので'은/는'を使う。(話の主題を表わす)

③ '이/가'는 주어에만 사용한다. '이/가'は主語にだけ使う。

例 ・날씨**가** 좋아요. 天気がいいです
　　　주어 (主語)

반면에 '은/는'은 주어, 목적어에 모두 사용할 수 있다. 一方'은/는'は主語、目的語のどちらでも使うことができる。

例 ・비행기**는** 기차보다 빨라요. 飛行機は汽車より速いです。
　　　주어 (主語)

・그 사람**은** 안 만나고 싶어요. その人は会いたくないです
　　　목적어 (目的語)

3. 연습하기　　練習

※ 다음 그림을 보고 '-은/는'을 사용하여 문장을 완성하십시오.

1)

어제는 눈이 왔지만 ＿＿＿＿＿＿＿＿＿＿＿

＿＿＿＿＿＿＿＿＿＿＿＿＿＿＿.

2)

＿＿＿＿＿＿＿＿＿＿＿＿＿＿＿ 우표 모으기

입니다.

3)

＿＿＿＿＿＿＿＿＿＿＿＿＿＿＿ 노래는

별로 좋아하지 않아요.

解答

1) 오늘은 날씨가 맑아요　　2) 제 취미는　　3) 춤은 좋아하지만

unit 13
조사 1

이/가 ★★★

I. 알아두기   用法の確認

		이/가
명사 名詞	동생	동생**이**
	친구	친구**가**

① 주어를 나타낼 때 사용한다.   主語を表わす時に使う。

例
- 저 사람**이** 제 동생입니다.   あの人が私の弟(妹)です。
- 친구**가** 아파서 병원에 갔어요.   友達が具合悪くて病院に行きました。
- 이 신발**이** 제일 편해요.   この靴が一番楽です。

주의사항 注意事項

- '나, 저, 너' 뒤에 '이/가'가 오면 '내가, 제가, 네가'로 사용한다.
  '나, 저, 너'の後に'이/가'が来れば'내가, 제가, 네가'を使う。

  例 나가 밥을 먹는다. (X)

  내가 밥을 먹는다. (ㅇ)   私がご飯を食べる。

  저가 밥을 먹는다. (X)

  제가 밥을 먹는다. (O)   私がご飯を食べる。

  너가 노래를 잘한다. (X)

  네가 노래를 잘한다. (O)   君が歌が上手だ。

▶ 높임의 의미가 있을 때는 '께서' **067** 로 사용한다.
尊敬の意味がある時は'께서'を使う。

　　例 ・친구**가** 나를 불렀다.　友達が私を呼んだ。
　　　　→ 선생님**께서** 나를 부르셨다.　先生が私をお呼びになった。

 ▶ '이/가'와 '은/는' **062** 의 문법 비교(p.182)　'이/가'と'은/는'の文法比較

※ 다음을 보고 밑줄 친 틀린 부분을 알맞게 고치십시오.

1) <u>친구를</u> 열심히 수영해요.　→ ________________________________

2) <u>나가</u> 공부를 해요.　　　→ ________________________________

3) <u>사과이</u> 맛있어요.　　　→ ________________________________

4) <u>동생께서</u> 밥을 먹어요.　→ ________________________________

　　　解答

　1) 친구가　　2) 내가　　3) 사과가　　4) 동생이

unit 13
조사 1

연습 문제 練習問題

1 다음 (   )에 알맞은 것을 고르십시오.

> 제주도(   ) 서울보다 따뜻해요.

❶ 은   ❷ 는
❸ 와   ❹ 를   **062**

2 다음 (   )에 들어갈 말로 알맞은 것을 고르십시오.

> 가: 주말에 경주에 갈 거예요.
> 나: 저(   ) 경주에 가고 싶어요.

❶ 를   ❷ 도
❸ 의   ❹ 와   **059**

3 다음 (   )에 알맞은 것을 고르십시오.

> 혜경 씨의 집(   ) 커요.

❶ 이   ❷ 에
❸ 을   ❹ 가   **063**

4 다음 (   )에 들어갈 말로 가장 알맞은 것을 고르십시오.

> 내일 시험 볼 때, 연필이 필요해요. 지우개(   ) 필요해요.

❶ 도   ❷ 와
❸ 에게   ❹ 를   **059**

5 다음 (   )에 들어갈 말로 알맞은 것을 고르십시오.

> 가: 어제 간 식당(   ) 여기가 맛있는 것 같아요.
> 나: 그래요? 많이 드세요.

❶ 만   ❷ 도
❸ 까지   ❹ 보다   **060**

6 다음 (   )에 들어갈 말로 가장 알맞은 것을 고르십시오.

은행은 오른쪽에 있어요. 오른쪽(   ) 가세요.

❶ 에서　　　　　　　　　　　❷ 에게
❸ 하고　　　　　　　　　　　❹ 으로　　　　　　**061**

7 (   )에 알맞은 것을 고르십시오.

제 친구(   ) 태국 사람입니다.

❶ 는　　　　　　　　　　　　❷ 의
❸ 를　　　　　　　　　　　　❹ 와　　　　　　**062**

8 다음 (   )에 들어갈 말로 가장 알맞은 것을 고르십시오.

203호(   ) 가면 안내해 줄 거예요.

❶ 에서　　　　　　　　　　　❷ 보다
❸ 로　　　　　　　　　　　　❹ 도　　　　　　**061**

9 (   )에 들어갈 말로 가장 알맞은 것을 고르십시오.

내일(   ) 학교에 못 와요.

❶ 을　　　　　　　　　　　　❷ 하고
❸ 은　　　　　　　　　　　　❹ 이나　　　　　**062**

unit 13
조사 1

10 다음 (   )에 들어갈 말로 가장 알맞은 것을 고르십시오.

다른 것은 필요 없어요. 손(   ) 만들면 돼요.

❶ 에서　　　　　　　　　　　❷ 으로
❸ 에게　　　　　　　　　　　❹ 하고　　　　　**061**

11 다음 (　　　)에 들어갈 말로 가장 알맞은 것을 고르십시오.

> 가: 어제(　　) 오늘이 더 춥지 않아요?
> 나: 네, 오늘이 더 추워요.

❶ 부터　　　　　　　　　　❷ 보다
❸ 까지　　　　　　　　　　❹ 하고

060

12 (　　　)에 알맞은 것을 고르십시오.

> 이 옷(　　) 아주 편해요.

❶ 과　　　　　　　　　　　❷ 은
❸ 을　　　　　　　　　　　❹ 의

062

13 다음 (　　　)에 들어갈 말로 가장 알맞은 것을 고르십시오.

> 비빔밥(　　) 불고기를 훨씬 더 좋아해요.

❶ 만　　　　　　　　　　　❷ 도
❸ 보다　　　　　　　　　　❹ 까지

060

14 다음 (　　　)에 들어갈 말로 가장 알맞은 것을 고르십시오.

> 사과가 비싸네요. 수박(　　) 비싸네요!

❶ 은　　　　　　　　　　　❷ 도
❸ 의　　　　　　　　　　　❹ 와

059

15 다음 (　　　)에 알맞은 것을 고르십시오.

> 미영 씨, 오늘 시간(　　) 있어요?

❶ 을　　　　　　　　　　　❷ 도
❸ 과　　　　　　　　　　　❹ 이

063

064 에서 ★★★

		에서
명사 名詞	집	집**에서**
	학교	학교**에서**

❶ 어떤 행동을 하는 장소를 나타낼 때 사용한다.　ある行動をする場所を表わす時に使う。

例 ▶ • 저는 집**에서** 청소를 해요.　私は家で掃除をします。

　　• 학교**에서** 친구를 만났다.　学校で友達に会った。

❷ 어떤 범위의 시작을 나타낼 때 사용한다.　ある範囲の開始を表わす時に使う。

例 ▶ • 이번 시험 범위는 1과**에서** 10과까지입니다.　今回の試験範囲は1課から10課までです。

　　• 부산**에서** 서울까지 얼마나 걸리는지 아세요?　釜山からソウルまでどれくらいかかるか知っていますか？

 ▶ **'에서'와 장소를 나타내는 '에' 069의 문법 비교**　'에서'と場所を表わす'에'の文法比較

두 가지 모두 장소를 나타내지만 뒤에 주로 사용하는 단어가 다르다.
どちらも場所を表わすが、後に主に使う単語が違う。

장소 + '에' + '가다, 오다, 다니다, 있다, 없다'　場所 + '에' + '가다, 오다, 다니다, 있다, 없다'

장소 + '에서' + '가다, 오다, 다니다, 있다, 없다'를 제외한 다른 표현
場所 + '에서' + '가다, 오다, 다니다, 있다, 없다'を除く単語。

例 ▶ • 나는 집**에서** 청소해요. (O)　私は家で掃除します。

　　• 나는 집**에** 청소해요. (X)

3. 연습하기 練習

※ 다음을 보고 '에'나 '에서'를 넣어 문장을 완성하십시오.

1) 언니는 아직 도서관(   ) 공부하는 것 같아요.

2) 학교(   ) 가서 수업을 듣습니다.

3) 기말 시험 범위는 8과(   ) 마지막 과까지라고 합니다.

解答

1) 에서   2) 에   3) 에서

unit 14
조사 2

1. 알아두기　用法の確認

		와/과
명사 名詞	선생님	선생님**과**
	친구	친구**와**

❶ 두 개 이상의 대상을 대등하게 연결할 때 사용한다.　2つ以上の対象を対等につなげる時に使う。

> 例 ・책상 위에 우유**와** 빵이 있어요.　机の上に牛乳とパンがあります。
>
> ・서울**과** 부산은 큰 도시입니다.　ソウルと釜山は大都市です。

❷ 어떤 행동이나 일을 함께 하는 대상임을 나타낼 때 사용한다.

ある行動やことを一緒にする対象であることを表わす時に使う。

> 例 ・오늘은 언니**와** 식사를 합니다.　今日は姉と食事をします。
>
> ・동생은 친구들**과** 여행을 갔어요.　弟(妹)は友達と旅行に行きました。

2. 더 알아두기　チェックポイント

▶ '와/과'는 '하고' 072 나 '(이)랑'과 바꾸어 사용할 수 있다.

'와/과'は'하고'や'(이)랑'と置き変えて使うことができる。

> 例 ・우리 반에는 일본 사람**과** 중국 사람이 많아요.　私たちのクラスには日本人と中国人が多いです。
>
> = 우리 반에는 일본 사람**하고** 중국 사람이 많아요.
>
> = 우리 반에는 일본 사람**이랑** 중국 사람이 많아요.

3. 연습하기　練習

※ 다음을 보고 '와, 과' 중에서 알맞은 것을 골라 (　)에 쓰십시오.

1) 가게에서 공책(　　　　) 연필을 샀어요.

2) 친구(　　　　) 도서관에 갑니다.

3) 냉장고에 바나나(　　　　) 우유가 있습니다.

解答
1) 과　　2) 와　　3) 와

1. 알아두기　用法の確認

		까지
명사 名詞	도서관	도서관**까지**
	학교	학교**까지**

① 어떤 일이 끝나는 지점을 나타낸다.　あることが終わる地点を表わす。

例 ・집에서 회사**까지** 30분 걸려요.　家から会社まで30分かかります。

・주말**까지** 계속 비가 오겠습니다.　週末までずっと雨が降ります。

② 현재의 상태에서 더 나아간 상태를 나타낸다.　現在の状態からさらに進んだった状態を表わす。

例 ・비가 와서 추운데 바람**까지** 불어요.　雨が降って寒いですが風まで吹いています。

・친구가 저녁도 사 주고 영화**까지** 보여 줬어요.　友達が夕飯も奢ってくれ映画まで見せてくれました。

2. 더 알아두기　チェックポイント

▶ '까지'가 **①**의 의미일 때 '부터'⁰⁶⁸와 함께 자주 사용한다.
'까지'가 **①**の意味である時 '부터'と一緒によく使われる。

例 ・9시**부터** 1시**까지** 수업을 합니다.　9時から1時まで授業をします。

・1과**부터** 10과**까지** 공부해야 해요.　1課から10課まで勉強しなければなりません。

unit 14
조사 2

※ 다음 그림을 보고 '까지'를 사용하여 대화를 완성하십시오.

1)

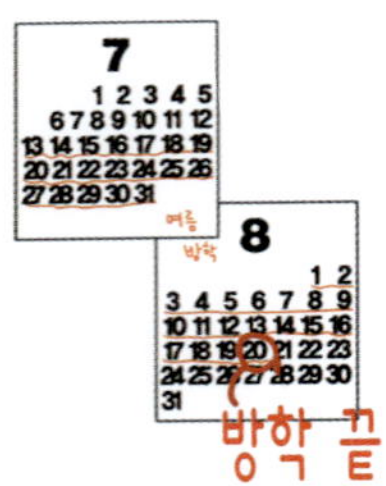

가: 여름 방학은 언제예요?

나: 7월 13일부터 _________________.

2)

가: 서울에서 _________________ 몇 시간 걸려요?

나: 5시간 걸려요.

3)

가: 수업이 언제예요?

나: 9시부터 _________________.

解答

1) 8월 20일까지예요   2) 부산까지   3) 1시까지예요

1. 알아두기　用法の確認

		께서
명사 名詞	선생님	선생님**께서**
	할아버지	할아버지**께서**

❶ 주어를 나타낼 때 사용하며 항상 높임의 의미가 있다.
主語を表わす時に使い、常に尊敬の意味がある。

> 例 ・선생님**께서** 나한테 전화했어요.　先生が私に電話されました。
>
> ・할아버지**께서** 주무십니다.　おじいさんがお休みになります。
>
> ・사장님**께서** 화가 많이 나셨다.　社長がとてもお怒りになった。

주의사항　注意事項

- '께서'는 높임의 의미를 나타내지만 나이가 자신보다 많아도 비슷한 또래의 선배에게는 사용하지 않습니다.
  '께서'は尊敬の意味を表わすが年齢が自分より上でも年の近い先輩には使いません。

  例 아버지께서 운동하십니다. (O) 父が運動されます。

  언니께서 운동하십니다. (X)

  언니가 운동합니다.(O) 姉が運動します。

2. 연습하기　練習

※ 다음 그림을 보고 '이/가'나 '께서'를 사용하여 문장을 완성하십시오.

1)

선생님＿＿＿＿ 학생들에게 설명을 하고 계십니다.

2)

아버지＿＿＿＿ 주시는 술은 두 손으로 받아야 합니다.

unit 14
조사 2

3)

내 친구 상희______ 나에게 재미있는 책을
빌려 주었습니다.

4)

내 동생______ 할머니께 과자를 드렸어요.

1. 알아두기　用法の確認

		부터
명사 名詞	아침	아침**부터**
	여기	여기**부터**

① 어떤 일이 시작되는 지점을 나타낸다.　あることが始まる起点を表わす。

> 例　• 오늘 아침**부터** 눈이 오기 시작했어요.　今朝から雪が降り始めました。
>
> 　　• 저는 어제**부터** 아팠어요.　私は昨日から具合が悪かったです。

② 어떤 일을 하는 순서가 가장 먼저임을 나타낸다.　あることをする順序が一番先であることを表わす。

> 例　• 저는 집에 오면 손**부터** 씻어요.　私は家に帰ると手から洗います。
>
> 　　• 배고프니까 밥**부터** 먹읍시다.　お腹が減ったので先に食事にしましょう。

2. 더 알아두기　チェックポイント

▶ '부터'가 **①**의 의미일 때 '까지'⁰⁶⁶와 함께 자주 사용한다.
　'부터'が❶の意味の時'까지'と一緒によく使う。

> 例　• 9시**부터** 1시**까지** 수업을 합니다.　9時から1時まで授業をします。
>
> 　　• 1과**부터** 10과**까지** 공부해야 해요.　1課から10課まで勉強しなければなりません。

unit **14**
조사 2

※ 다음 그림을 보고 '부터'를 사용하여 대화를 완성하십시오.

1)

가: 언제부터 백화점 세일이에요?

나: ________________ 백화점 세일이에요.

2)

가: 집에 가면 뭐 할 거예요?

나: 날씨가 너무 더워서 ________________
   할 거예요.

3)

가: 수업이 몇 시부터 몇 시까지예요?

나: ________________ 11시까지예요.

解答

1) 8월 3일부터   2) 샤워부터   3) 9시부터

연습 문제 練習問題

1 다음 (　　)에 가장 알맞은 것을 고르십시오.

> 사과(　　) 바나나를 샀습니다.

❶ 는 ❷ 가
❸ 의 ❹ 와

065

2 다음 (　　)에 알맞은 것을 고르십시오.

> 저는 매일 아침 9시(　　) 오후 1시까지 한국어 공부를 합니다.

❶ 부터 ❷ 보다
❸ 에만 ❹ 하고

068

3 ㉠에 알맞은 것을 고르십시오.

> 가: 오늘 수업 후에 어디(　㉠　) 만나요?
> 나: 백화점 앞(　㉠　) 만나요.

❶ 에서 ❷ 에
❸ 로 ❹ 를

064

4 다음 (　　) 안에 가장 알맞은 것을 고르십시오.

> 교실에 선생님(　　) 학생들이 있습니다.

❶ 과 ❷ 으로
❸ 에게 ❹ 을

065

unit 14
조사 2

연습 문제 練習問題

5 다음 (　　　)에 가장 알맞은 것을 고르십시오.

> 내일 회사에 2시(　　　) 갈게요.

❶ 한테　　　　　　　　　　❷ 를

❸ 가　　　　　　　　　　　❹ 까지　　　066

6 ㉠에 알맞은 것을 고르십시오.

> 할아버지(　㉠　) 저에게 용돈을 주셨습니다.

❶ 한테　　　　　　　　　　❷ 를

❸ 가　　　　　　　　　　　❹ 께서　　　067

7 다음 (　　　)에 가장 알맞은 것을 고르십시오.

> 바람이 불어서 추운데 눈(　　　) 내려요.

❶ 에게　　　　　　　　　　❷ 까지

❸ 께서　　　　　　　　　　❹ 하고　　　066

8 다음 (　　　) 안에 가장 알맞은 것을 고르십시오.

> 나는 친구(　　　) 식당에 갔어요.

❶ 만　　　　　　　　　　　❷ 와

❸ 보다　　　　　　　　　　❹ 께　　　065

9 다음 (   )에 알맞은 것을 고르십시오.

이 학교(   ) 공부한 지 얼마나 되었어요?

❶ 이   ❷ 을
❸ 한테   ❹ 에서

064

10 (   )에 알맞은 것을 고르십시오.

저는 방학을 하면 그 동안 못 만난 친구들(   ) 만나려고 합니다.

❶ 에게   ❷ 부터
❸ 밖에   ❹ 처럼

068

unit 14
조사 2

MEMO

조사 3 助詞 3

1. 알아두기　　用法の確認

		에
명사 名詞	주말	주말**에**
	학교	학교**에**

① 명사 뒤에 붙어서 어떤 사물이 존재하는 장소임을 나타낸다.
名詞の後につき、ある事物が存在する場所であることを表わす。

> 例 ▸ ・백화점**에** 사람이 많아요.　デパートに人が多いです。
>
> ・집**에** 케이크가 있어.　家にケーキがある。

② 명사 뒤에 붙어서 방향을 나타낸다.　名詞の後について方向を表わす。

> 例 ▸ ・내일 바다**에** 갈 거예요.　明日海に行くつもりです。
>
> ・저는 지금 학교**에** 가요.　私は今学校に行きます。

③ 명사 뒤에 붙어서 시간을 나타낸다.　名詞の後について時間を表わす。

> 例 ▸ ・가: 주말**에** 뭐 해요?　週末に何しますか？
> 　　나: 쇼핑할까 해요.　ショッピングしようかと思います。
>
> ・일요일**에** 친구를 만나요.　日曜日に友達に会います。

2. 더 알아두기　　チェックポイント

 ▸ ‘에’와 장소를 나타내는 ‘에서’ 064의 문법 비교(p. 190)
‘에’と場所を表わす‘에서’の文法比較

※ 다음을 보고 '에'와 '에서' 중에서 고르십시오.

1) 지금 식당(에/에서) 갑시다.

2) 오늘은 도서관(에/에서) 공부를 할 거예요.

3) 버스(에/에서) 자리가 없어요.

4) 극장 안(에/에서) 사람이 많아요.

5) 학교 앞(에/에서) 2시에 만납시다.

解答

1) 에　　2) 에서　　3) 에　　4) 에　　5) 에서

unit 15
조사 3

1. 알아두기 　用法の確認

		을/를
명사 名詞	밥	밥**을**
	주스	주스**를**

❶ 명사 뒤에 붙어 동사의 목적을 나타낼 때 사용한다. 　名詞の後について動詞の目的を表わす時に使う。

例 ▶ ・보통 점심에는 학생 식당에서 밥**을** 먹습니다. 　普通お昼には学生食堂でご飯を食べます。

・더운데 주스**를** 마실래요? 　暑いですがジュースを飲みますか？

・오늘은 친구**를** 안 만날 거예요. 　今日は友達に会わないでしょう。

2. 연습하기 　練習

※ 다음 그림을 보고 '을/를'을 사용하여 대화를 완성하십시오.

1)

가: 지금 뭐 해요?

나: ＿＿＿＿＿＿＿＿＿＿＿ 공부해요.

2)

가: 학교에 올 때 어떻게 와요?

나: ＿＿＿＿＿＿＿＿＿＿＿ 타고 와요

3)

가: 무엇을 샀어요?

나: ＿＿＿＿＿＿＿＿＿＿＿ 샀어요.

解答

1) 한국어를 　2) 지하철을 　3) 핸드폰(휴대폰)을

I. 알아두기　用法の確認

		(이)나
명사 名詞	밥	밥**이나** 빵
	우유	우유**나** 주스

❶ 두 개의 명사 중에 한 개를 선택해서 말할 때 사용한다.
2つの名詞のうち1つを選択して述べる時に使う。

例
- 가: 아침에는 뭘 먹어요?　朝ご飯には何を食べますか？
  나: 보통 밥**이나** 빵을 먹어요.　普通ご飯やパンを食べます。

- 가: 우유**나** 주스 마실래?　牛乳かジュース飲む？
  나: 주스 마실게.　ジュース飲むよ。

❷ 보통 생각하고 있던 것보다 많은 수량을 나타낼 때 사용한다.
通常予想していたものより数量が多いことを表わす時に使う。

例
- 가: 어제 몇 시간 잤어요?　昨日、何時間寝ましたか？
  나: 어제 너무 피곤해서 15시간**이나** 잤어요.　昨日とても疲れたので15時間も寝ました。

- 친구가 안 와서 3시간**이나** 기다렸어요.　友達が来なくて3時間も待ちました。

- 제 동생은 하루에 문자를 100통**이나** 보내요.　私の弟(妹)は1日にショートメールを100通も送ります。

unit 15
조사 3

※ 다음 그림을 보고 '(이)나'를 사용하여 대화를 완성하십시오.

1)

가: 우리 주말에 어디에 갈까?

나: ＿＿＿＿＿＿＿＿에 가자.

2)
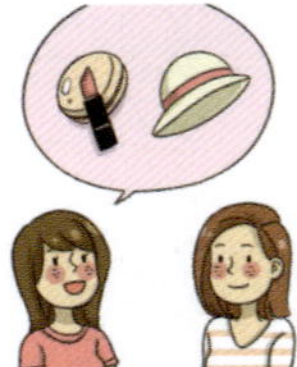

가: 제니 씨 생일에 뭐 사 줄까요?

나: ＿＿＿＿＿＿＿＿를 사는 게 어때요?

3)

가: 어제 게임 많이 했어?

나: 응. ＿＿＿＿＿＿＿＿ 했어.

解答

1) 명동이나 남산　　　2) 화장품이나 모자　　　3) 10시간이나

1. 알아두기　用法の確認

		하고
명사 名詞	빵	빵**하고**
	친구	친구**하고**

❶ 두 개 이상의 대상을 대등하게 연결할 때 사용한다.　2つ以上の対象を対等につなげる時に使う。

> **例** ・제 방에 침대**하고** 책상이 있어요.　自分の部屋にベッドと机があります。
>
> ・컴퓨터**하고** 의자가 필요해요.　コンピュータと椅子が必要です。
>
> ・점심으로 빵**하고** 우유를 먹었어요.　昼食にパンと牛乳を食べました(飲みました)。

❷ 어떤 행동이나 일을 함께 하는 대상임을 나타낼 때 사용한다.
ある行動やことを一緒にする対象であることを表わす時に使う。

> **例** ・어제 친구**하고** 싸웠어요.　昨日友達とケンカしました。
>
> ・오늘 친구들**하고** 밥을 먹으러 가요.　今日友達とご飯を食べに行きます。
>
> ・기분이 안 좋을 때 혜경 씨**하고** 이야기하면 기분이 좋아져요.
>
> 気分が良くない時、ヘギョンさんと話すと気分が良くなります。

2. 더 알아두기　チェックポイント

▶ '와/과'[065]나 '(이)랑'과 바꾸어 사용할 수 있다.　'와/과'や'(이)랑'と置き換えて使うことができる。

> **例** ・우리 반에는 일본 사람**하고** 중국 사람이 많아요.　私たちのクラスには日本人と中国人が多いです。
>
> = 우리 반에는 일본 사람**과** 중국 사람이 많아요.
>
> = 우리 반에는 일본 사람**이랑** 중국 사람이 많아요.

unit 15
조사 3

※ 다음 그림을 보고 '하고'를 사용하여 대화를 완성하십시오.

1)

가: 뭘 샀어요?

나: _________________ 바나나를 샀어요.

2)

가: 가방 안에 뭐가 있어요?

나: _________________ 지갑이 있어요.

3)

가: _________________ 영화를 봤어요?

나: 혼자 영화를 봤어요.

解答

1) 사과하고   2) 책하고   3) 누구하고

1. 알아두기　用法の確認

		한테
명사 名詞	선생님	선생님**한테**
	친구	친구**한테**

❶ 어떤 행동의 대상을 나타낼 때 사용한다.　ある行動の対象を表わす時に使う。

> 例　• 내가 친구**한테** 전화를 했다.　私が友達に電話をした。
>
> 　• 어제 동생**한테** 꽃을 선물해 줬어요.　昨日、弟(妹)に花をプレゼントしました。
>
> 　• 이 일을 누구**한테** 물어보면 됩니까?　このことは誰に尋ねればいいですか？

2. 더 알아두기　チェックポイント

▶ '한테'는 '에게' ⁰⁷⁶와 바꾸어 사용할 수 있다. 말할 때는 '한테'를 더 자주 사용한다.
　'한테'は'에게'と置き変えて使うことができる。会話では'한테'がよく使われる。

> 例　• 친구**한테** 편지를 줬다.　友達に手紙をあげた。
>
> 　= 친구**에게** 편지를 줬다.

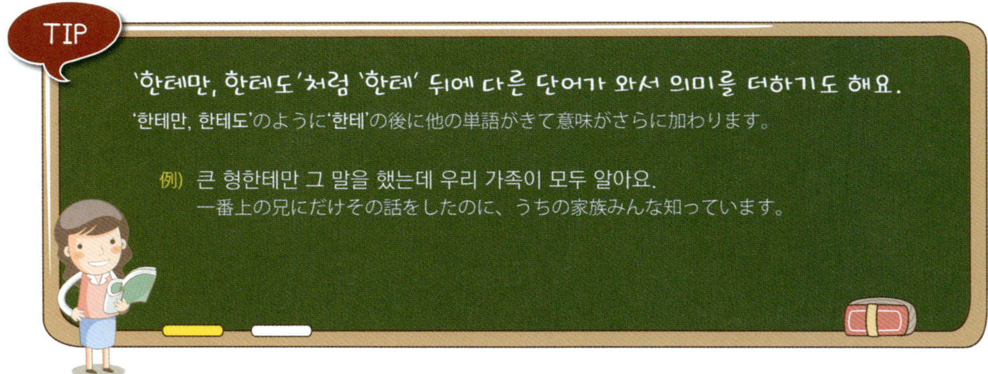

unit **15**
조사 3

※ 다음 그림을 보고 '한테'를 사용하여 문장을 완성하십시오.

1)

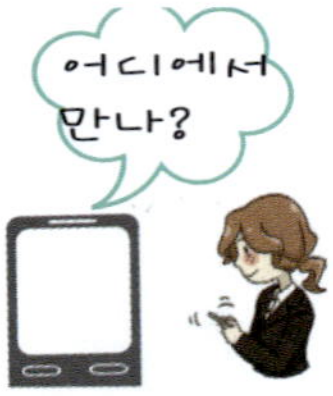

상희 씨가 친구＿＿＿＿＿＿＿＿＿＿＿＿＿＿＿＿

2)

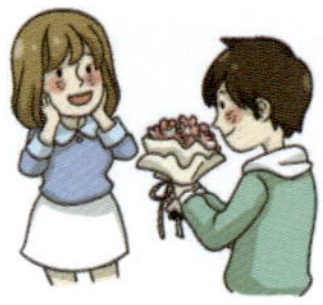

승준 씨가 혜경 씨＿＿＿＿＿＿＿＿＿＿＿＿＿＿

解答

1) 한테 문자를 보냈습니다.　　2) 한테 꽃을 주고 있어요.

연습 문제 練習問題

1 다음 (   )에 알맞은 것을 고르십시오.

> 사장님이 직원(   ) 심부름을 시켰어요.

❶ 이나 ❷ 에서
❸ 보다 ❹ 한테 **073**

2 (   )에 알맞은 것을 고르십시오.

> 일주일(   ) 두 번 수영해요.

❶ 에 ❷ 만
❸ 로 ❹ 부터 **069**

3 다음 (   )에 들어갈 말로 가장 알맞은 것을 고르십시오.

> 어제 도서관에서 책(   ) 빌렸어요.

❶ 이 ❷ 을
❸ 에 ❹ 으로 **070**

4 다음 (   )에 들어갈 말로 가장 알맞은 것을 고르십시오.

> 주말에는 보통 드라마(   ) 영화를 봐요.

❶ 만 ❷ 나
❸ 도 ❹ 는 **071**

5 (   )에 가장 알맞은 것을 고르십시오.

> 저는 아침에 빵(   ) 우유를 먹어요.

❶ 도 ❷ 이
❸ 하고 ❹ 은 **072**

unit 15
조사 3

연습 문제 練習問題

6 (   )에 알맞은 것을 고르십시오.

> 학교 생활에서 어려운 문제가 있으면 선생님(   ) 이야기합니다.

❶ 부터　　　　　　　　　❷ 보다
❸ 에만　　　　　　　　　❹ 하고

072

7 다음 (   )에 들어갈 말로 가장 알맞은 것을 고르십시오.

> 가: 놀이 공원에서 얼마나 놀았어요?
> 나: 8시간(   ) 놀았어요.

❶ 에서　　　　　　　　　❷ 이나
❸ 처럼　　　　　　　　　❹ 까지

071

8 다음 (   )에 들어갈 말로 가장 알맞은 것을 고르십시오.

> 백화점에서 구두(   ) 샀어요.

❶ 가　　　　　　　　　　❷ 로
❸ 에서　　　　　　　　　❹ 를

070

9 (   )에 알맞은 것을 고르십시오.

> 친구가 한국(   ) 와요.

❶ 과　　　　　　　　　　❷ 이
❸ 에　　　　　　　　　　❹ 에게

069

10 다음 (   )에 알맞은 것을 고르십시오.

> 이 옷을 누구(   ) 주려고 샀어요?

❶ 이　　　　　　　　　　❷ 을
❸ 한테　　　　　　　　　❹ 께서

073

11 (　　　)에 알맞은 것을 고르십시오.

어제 명동(　　　　　) 갔습니다.

❶ 의　　　　　　　　　　　❷ 이

❸ 에　　　　　　　　　　　❹ 과

069

unit 15
조사 3

조사 4 助詞 4

께 ★

		께
명사 名詞	선생님	선생님**께**
	아버지	아버지**께**

❶ 대상을 나타내며 높임의 의미가 있다. 対象を表わし、尊敬の意味がある。

例
- 동생은 어머니**께** 편지를 쓰고 있어요. 弟(妹)は母に手紙を書いています。
- 저는 할아버지**께** 선물을 드렸습니다. 私はおじいさんにプレゼントを差し上げました。
- 선생님**께** 질문이 있어서 학교에 왔습니다. 先生に質問があって学校に来ました。

※ 다음을 보고 '에게'나 '께'를 사용하여 문장을 완성하십시오.

1) 저는 할머니(   ) 인사를 하고 학교에 갔습니다.

2) 혜경이가 동생(   ) 사과를 주었어.

3) 선생님께서 상희 씨(   ) 질문을 하셨습니다.

4) 저는 사장님(   ) 볼펜을 드렸어요.

解答

1) 께   2) 에게   3) 에게   4) 께

075 만 ★

Ⅰ. 알아두기   用法の確認

		만
명사 名詞	너	너**만**
	동생	동생**만**

① 다른 것은 포함하지 않고 앞에 오는 명사를 한정해서 말할 때 사용한다.
他のものは含まずに前に来る名詞を限定して述べる時に使う。

例
- 영원히 너**만** 사랑할게. 永遠に君だけ愛するよ。
- 선물은 못 사고 케이크**만** 샀어요. プレゼントは買えなくてケーキだけ買いました。
- 밥**만** 먹지 말고 다른 것도 먹어 보세요. ご飯ばかり食べずに他のものも食べてみてください。

2. 연습하기   練習

※ 다음 그림을 보고 '만'을 사용하여 문장이나 대화를 완성하십시오.

1)

가: 52,000원이에요.

나: 너무 비싸요.

________________ 깎아 주세요.

2)

우리 반에는 일본 사람이 ________________
있어요.

3)
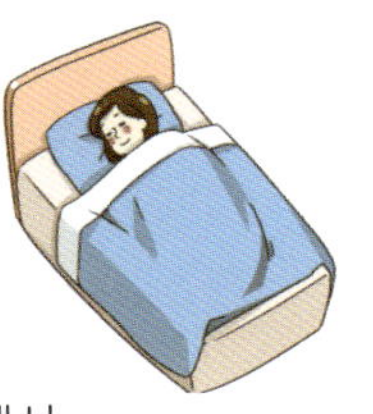

주말에는 집에서 ____________ 잔다.

解答

1) 2,000원만   2) 한 명만   3) 잠만

1. 알아두기　　用法の確認

		에게
명사 名詞	선생님	선생님**에게**
	아버지	아버지**에게**

❶ 대상을 나타낼 때 사용한다.　対象を表わす時に使う。

> 例 ▶ ・제가 혜경 씨**에게** 전화할게요.　私がヘギョンさんに電話しますね。
>
> ・선생님은 우리**에게** 한국 문화에 대해서 이야기하셨어요.
> 先生は私たちに韓国文化についてお話しされました。
>
> ・누구**에게** 주는 선물이에요?　誰にあげるプレゼントですか？

2. 더 알아두기　　チェックポイント

▶ 높임의 의미가 있을 때는 '께'⁰⁷⁴를 사용한다.　尊敬の意味がある時は'께'を使う。

> 例 ▶ ・친구**에게** 편지를 써요.　友達に手紙を書きます。
>
> ・부모님**께** 편지를 써요.　両親に手紙を書きます。

▶ '에게'는 '한테'⁰⁷³와 바꾸어 사용할 수 있다. 글을 쓸 때는 '에게'를 더 자주 사용한다.
'에게'は'한테'と置き変えて使うことができる。文を書く時は'에게'の方をよく使う。

> 例 ▶ ・친구**에게** 편지를 줬다.　友達に手紙をあげた。
>
> ＝ 친구**한테** 편지를 줬다.

3. 연습하기　　練習

※ 다음을 보고 '에게'와 '께' 중에서 고르십시오.

1) 친구(에게/께) 여러 번 전화했지만 받지 않았어요.

2) 부모님(에게/께) 드릴 선물을 샀어요.

3) 오랜만에 동생(에게/께) 요리를 해 주고 있어요.

解答

1) 에게　　2) 께　　3) 에게

077 처럼 ★

1. 알아두기　用法の確認

		처럼
명사 名詞	가수	가수**처럼**
	선생님	선생님**처럼**

❶ 어떤 것과 비슷하다는 것을 나타낼 때 사용한다.　何かに似ていることを表わす時に使う。

例
- 그 사람은 가수**처럼** 노래를 잘해요.　その人は歌手のように歌が上手です。
- 저는 도나 씨**처럼** 춤을 잘 추고 싶어요.　私はドナさんのように踊りが上手くなりたいです。
- 어머니께서는 천사**처럼** 아름다우세요.　お母さんは天使のようにお美しいです。

2. 더 알아두기　チェックポイント

▶ '처럼'은 '같이'와 바꿔 쓸 수 있다.　'처럼'は'같이'と置き換えて使える。

例
- 혜경 씨는 배우**처럼** 예뻐요.　ヘギョンさんは女優のように美しいです。
  = 혜경 씨는 배우**같이** 예뻐요.

3. 연습하기　練習

※ 다음 그림을 보고 '처럼'을 사용하여 문장을 완성하십시오.

1)

아기가 ＿＿＿＿＿＿＿＿＿＿ 자요.

2)

선생님은 ＿＿＿＿＿＿＿＿＿＿ 무서워요.

3)

도나 씨는 ＿＿＿＿＿＿＿＿＿＿ 예뻐요.

解答

1) 천사처럼　　2) 호랑이처럼　　3) 꽃처럼/장미처럼

연습 문제 練習問題

1 (　　　)에 알맞은 것을 고르십시오.

친구는 선생님(　　　　　) 질문을 했어요.

❶ 께　　　　　　　　　　　❷ 이
❸ 만　　　　　　　　　　　❹ 부터

074

2 (　　　)에 가장 알맞은 것을 고르십시오.

혜경 씨는 운동 선수(　　　　　) 운동을 잘 해요.

❶ 마다　　　　　　　　　　❷ 에
❸ 처럼　　　　　　　　　　❹ 부터

077

3 (　　　)에 알맞은 것을 고르십시오.

매일 고향에 있는 동생(　　　　　) 전화를 해요.

❶ 에게　　　　　　　　　　❷ 에
❸ 부터　　　　　　　　　　❹ 에서

076

4 다음 (　　　)에 들어갈 말로 가장 알맞은 것을 고르십시오.

한국 친구가 한 명(　　　　　) 있어요.

❶ 께서　　　　　　　　　　❷ 만
❸ 하고　　　　　　　　　　❹ 보다

075

UNIT 17

의문사 1 疑問詞 1

1. 알아두기　用法の確認

❶ 어떤 행동이나 상태의 대상을 물어볼 때 사용한다.　ある行動や状態の対象を尋ねる時に使う。

例
- 오늘 **누구**를 만났어요?　今日誰に会いましたか？
- 이 가방은 **누구**의 가방이에요?　このカバンは誰のカバンですか？
- 이 선물을 **누구**에게 주려고 샀어요?　このプレゼントを誰にあげようと思って買いましたか？

주의사항　注意事項

- '누가'는 '누구'와 '가'가 결합한 단어이며 '누구가'로 사용하지 않도록 조심해야 한다.
  '누가'は'누구'と'가'が合わさった単語であり、'누구가'と使わないよう気を付けなければならない。

  例　누가 갈 거예요? (O)　誰が行くんですか？
  　　누구가 갈 거예요? (X)

2. 연습하기　練習

※ 다음을 보고 '누가'와 '누구' 중에서 알맞은 것을 골라 넣으십시오.

1) (　　　　　) 집에 왔어요?

2) 혜경 씨는 (　　　　　)를 좋아해요?

3 (　　　　　) 승준 씨하고 싸웠어요?

4) 이 핸드폰은 (　　　　　)의 핸드폰이에요?

解答

1) 누가　　　2) 누구　　　3) 누가　　　4) 누구

079 무엇 ★★★

1. 알아두기　用法の確認

❶ 어떤 사실이나 사물에 대해 모르는 것을 물을 때 사용한다.
ある事実や事物に対して分からないことを尋ねる時に使う。

例
- 가: 어제 명동에서 **무엇**을 샀어요?　昨日明洞で何を買いましたか？
  나: 옷이랑 화장품을 샀어요.　服と化粧品を買いました。
- 가: 방학하면 **무엇**을 할 거예요?　学期休みになったら何をするつもりですか？
  나: 글쎄요. 친구하고 같이 여행을 갈 것 같아요.　そうですね。友達と一緒に旅行に行くかもしれません。

주의사항　注意事項

- **'무엇'의 축약형은 '뭐'이다.** '무엇'の縮約型は'뭐'となる。
  例 무엇이 제일 좋아요?　何が一番いいですか？
  → 뭐가 제일 좋아요?

- **'무엇을'의 축약형은 '뭘'이다.** '무엇을'の縮約型は'뭘'となる。
  例 무엇을 먹고 싶어요?　何を食べたいですか？
  → 뭘 먹고 싶어요?

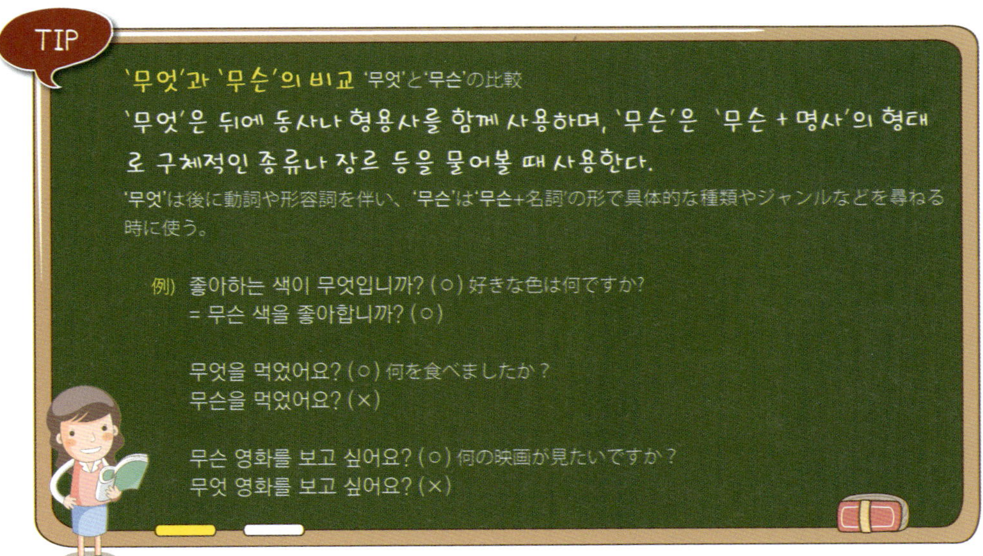

※ 다음을 보고 '무엇/뭐, 무슨'을 사용하여 대화를 완성하십시오.

1) 가: ＿＿＿＿＿＿＿을/를 먹을 거예요?

    나: 비빔밥을 먹을 거예요.

2) 가: ＿＿＿＿＿＿＿ 과일을 좋아해요?

    나: 오렌지를 좋아해요.

3) 가: 그 친구 이름이 ＿＿＿＿＿＿＿이에요/예요?

    나: 박미선이에요.

解答

1) 무엇/뭐   **2) 무슨**   **3) 무엇/뭐**

080 어디 ★★★

Ⅰ. 알아두기　　用法の確認

❶ 장소를 물어 볼 때 사용한다.
場所を尋ねる時に使う。

例
- 가 : 이거 **어디**에서 샀어요?　これ、どこで買いましたか？
  나 : 백화점에서 샀어요.　デパートで買いました。

- 가 : 승준 씨, 지금 **어디**예요?　スンジュンさん、今どこですか？
  나 : 집이에요.　家です。

2. 연습하기　　練習

※ 다음을 보고 '어디'를 사용하여 알맞은 대화를 완성하십시오.

1) 가: (　　　　　　　　　　)?

   나: 도서관에서 공부해요.

2) 가: 주말에 주로 (　　　　　　　　　　)?

   나: 주말에 주로 공원에 갑니다.

3) 가: 지금 (　　　　　　　　　　)?

   나: 교실이에요.

解答

1) 어디에서 공부해요　　　2) 어디에 가요　　　3) 어디예요

① 어떤 행동을 하거나 상태가 나타나는 시간이나 때를 물어볼 때 사용한다.
ある行動をしたり状態が表れる時間や時を尋ねる時に使う。

> 例
> - **언제** 수업이 끝나요?　いつ授業が終わりますか？
> - 한국은 **언제** 가장 추워요?　韓国はいつが一番寒いですか？
> - 오늘 보낸 편지가 **언제** 도착할까요?　今日送った手紙はいつ到着するでしょうか？

2. 연습하기　　練習

※ 다음을 보고 '언제'를 사용하여 알맞은 대화를 완성하십시오.

1) 가: _______________________?

　　나: 9시까지 학교에 가야 해요.

2) 가: _______________________?

　　나: 다음 주에 귀국할 거예요.

3) 가: _______________________?

　　나: 몸이 아플 때 가장 힘들어요.

解答

1) 언제까지 학교에 가야 해요　　2) 언제 귀국할 거예요　　3) 언제가 가장 힘들어요

082 왜 ★★

I. 알아두기　用法の確認

❶ 이유를 물을 때 사용한다.
理由を尋ねる時に使う。

例
- 가: 이번 여행에 **왜** 같이 안 가요?　今回の旅行になぜ一緒に行かないんですか？
  나: 고향에서 부모님이 오셔서 여행에 같이 못 가요.
  故郷から両親が来たので旅行に一緒に行けないんです。

- 가: **왜** 그렇게 다쳤어요?　なぜそんなにケガしたんですか？
  나: 수업에 늦어서 뛰어가다가 넘어졌어요.　授業に遅れて走って行ったら転びました。

2. 연습하기　練習

※ 다음을 보고 '왜'를 사용하여 대화를 완성하십시오.

1) 가: ＿＿＿＿＿＿＿＿＿＿＿＿＿?

   나: 배가 아파서 안 먹어요.

2) 가: ＿＿＿＿＿＿＿＿＿＿＿＿＿?

   나: 영화가 너무 슬퍼서 울어요.

3) 가: ＿＿＿＿＿＿＿＿＿＿＿＿＿?

   나: 친구하고 싸워서 화가 났어요.

> 解答
>
> 1) 왜 안 먹어요　　2) 왜 울어요　　3) 왜 화가 났어요

연습 문제 練習問題

1 다음 (   )에 알맞은 것을 고르십시오.

> 어제 (   )에서 상희 씨를 만났어요?

❶ 누구   ❷ 누가
❸ 어떤   ❹ 어디

080

2 다음 밑줄 친 부분에 들어갈 말로 가장 알맞은 것을 고르십시오.

> 가: ______________________?
> 나: 친구를 만났어요.

❶ 어제 뭐 했어요   ❷ 어제 언제 했어요
❸ 어제 누가 했어요   ❹ 어제 어떻게 했어요

079

3 다음 빈칸에 알맞은 것을 고르십시오.

> 가: 친구를 어디에서 만나요?
> 나: ______________________.

❶ 극장에서 만나요   ❷ 선생님과 만나요
❸ 3시에 만나요   ❹ 내일 만나요

080

4 다음 글을 읽고 (   )에 알맞은 말을 쓰십시오.

> 가: 이메일을 받았어요?
> 나: 이메일이요? 못 받았는데요. (   )?
> 가: 지난 금요일에 보냈어요.

081

5 다음 빈칸에 알맞은 것을 고르십시오.

> 가: _____________________________?
> 나: 집 앞에 있는 가게에서 샀어요.

❶ 이 볼펜을 왜 샀어요   ❷ 이 볼펜을 어디에서 샀어요

❸ 이 볼펜을 누가 샀어요   ❹ 이 볼펜을 언제 샀어요   **080**

6 다음 빈칸에 알맞은 것을 고르십시오.

> 가: 남산에 언제 갔어요?
> 나: _____________________________.

❶ 한국에 처음 왔을 때요   ❷ 시내 버스를 타고 갔어요

❸ 경치가 정말 아름다운 것 같아요   ❹ 한국 친구들과 함께 남산에 가려고 해요   **081**

7 다음 (　　　　)에 알맞은 것을 고르십시오.

> 가: 지금 (　　　　　　　　　　　)에 가요?
> 나: 은행에 가요.

❶ 얼마   ❷ 누구

❸ 어디   ❹ 언제   **080**

8 다음 (　　　　)에 들어갈 말로 가장 알맞은 것을 고르십시오.

> 가: 내일 (　　　　　　　　　　　) 할 거예요?
> 나: 영화를 보러 갈 거예요.

❶ 누구를   ❷ 언제가

❸ 무엇을   ❹ 얼마를   **079**

연습 문제 練習問題

9 다음 빈칸에 알맞은 것을 고르십시오.

> 가: _________________________?
> 나: 목요일에 만날까요?

❶ 언제 만나요 ❷ 몇 시에 만나요
❸ 누구와 만나요 ❹ 만나서 뭐 해요

081

10 다음 그림을 보고 (   )에 들어갈 말로 가장 알맞은 것을 고르십시오.

> 가: 지금 뭐 해요?
> 나: 손을 (   ).

❶ 읽어요 ❷ 마셔요
❸ 씻어요 ❹ 만나요

079

11 다음 빈칸에 알맞은 것을 고르십시오.

> 가: 누가 메시지를 보냈어요?
> 나: _________________________.

❶ 동생이요 ❷ 목요일에요
❸ 오후 4시요 ❹ 고향에서요

078

12 다음 글을 읽고 (   )에 알맞은 말을 쓰십시오.

> 가: 어제 본 전통 공연이 정말 재미있었어요.
> 나: (   ) 같이 봤어요?
> 가: 우리 반 친구들하고 봤어요.

078

13 다음 (   )에 알맞은 말을 쓰십시오.

가: 오늘 영화 보러 같이 못 갈 것 같아요.
나: (   )?
가: 갑자기 급한 일이 생겼어요. 미안해요.

082

14 다음 밑줄 친 부분에 들어갈 말로 가장 알맞은 것을 고르십시오.

가: ____________________________?
나: 감기에 걸려서 병원에 갔어요.

❶ 어제 왜 안 왔어요　　　　　❷ 어제 언제 왔어요
❸ 어제 누가 안 왔어요　　　　❹ 어제 어떻게 왔어요

082

의문사 2 疑問詞 2

Ⅰ. 알아두기　用法の確認

① 수를 물어볼 때 사용한다.　数を尋ねる時に使う。

> 例
> - 생일이 **몇** 월이에요?　誕生日は何月ですか？
> - **몇** 시까지 학교에 와야 합니까?　何時まで学校に来なければなりませんか？
> - 집에 한국어 책이 **몇** 권 있어?　家に韓国語の本が何冊ある？

주의사항 注意事項

- '몇' + '일(日)'은 '며칠'로 쓴다. '몇' + '일(日)'は '며칠'と表記する。

  > 例　오늘이 며칠이에요? (O)　今日は何日ですか？
  >
  > 오늘이 몇일이에요? (X)

- '요일(曜日)'을 물어볼 때는 '몇'을 쓰면 안 되고 '무슨'⁰⁷⁹을 써서 질문해야 한다.
  '요일(曜日)'を尋ねる時は'몇'を使わず、'무슨'を使って質問しなければならない。

  > 例　오늘이 몇 요일이에요? (X)
  >
  > 오늘이 무슨 요일이에요? (O)　今日は何曜日ですか？

- '시, 분, 번, 개, 호, 명, 잔, 권, 병' 등의 단어와 같이 사용한다.
  '시, 분, 번, 개, 호, 명, 잔, 권, 병'等の単語と一緒に使う。

  > 例　몇 시 몇 분이에요?　何時何分ですか？
  >
  > 전화번호가 몇 번이에요?　電話番号は何番ですか？
  >
  > 기숙사 방 번호가 몇 호예요?　寮の部屋番号は何号ですか？

※ 다음을 보고 '몇'을 사용하여 알맞은 대화를 완성하십시오.

1) 가: _______________________________?

    나: 10시 20분이에요.

2) 가: _______________________________?

    나: 전화번호가 123-2345예요.

3) 가: _______________________________?

    나: 교실은 212호예요.

解答

1) 몇 시예요   2) 전화번호가 몇 번이에요   3) 교실이 몇 호예요

I. 알아두기　　用法の確認

① 여러 개 중 하나를 선택할 때 사용한다.　数個の中の一つを選択する時に使う。

例
- 가: **어느** 나라 사람이에요?　どこの国の人ですか？
  나: 한국 사람이에요.　韓国人です。

- 가: **어느** 학교에 다니세요?　どこの学校に通っていますか？
  나: 서울 고등학교에 다녀요.　ソウル高等学校に通っています。

- 가: **어느** 자리에 앉을까요?　どの席に座りましょうか？
  나: 창가 자리가 좋겠어요.　窓側の席がいいです。

주의사항　注意事項

- '어느' 뒤에는 명사만 올 수 있다.　'어디'の後には名詞だけ来ることができる。
  例　어느 식당으로 갈까요? (O)　どの食堂に行きましょうか？
  배가 고픈데 어느 갈까요? (X)

2. 연습하기　　練習

※ 다음을 보고 '어느', '어디' 중에 알맞은 말을 사용하여 대화를 완성하십시오.

1) 가: (　　　　　　　) 회사에 다니세요?

　나: 삼성에 다니고 있습니다.

2) 가: 대학 신입생인데 (　　　　　　) 동아리가 좋을까요?

　나: 여행 동아리가 어때요?

3) 가: 우체국에 가려면 여기서 (　　　　　　)로 가야 해요?

　나: 곧장 가시다가 왼쪽으로 가세요.

解答

1) 어느　　2) 어느　　3) 어디

085 어떤 ★

I. 알아두기　用法の確認

❶ 사람이나 사물의 특성, 내용, 상태, 성격이 무엇인지 물을 때 사용한다.
人や事物の特性、内容、状態、性格が何かを尋ねる時に使う。

例
- 가 : **어떤** 사람을 좋아해요?　どんな人が好きですか？
  나 : 친절한 사람을 좋아해요.　親切な人が好きです。

- 가 : 김치는 **어떤** 음식이에요?　キムチはどんな食べ物ですか？
  나 : 매운 음식이에요.　辛い食べ物です。

주의사항　注意事項

- '어떤' 뒤에는 명사만 올 수 있다. '어떤'の後には名詞だけ来ることができる。

  例 어떤 영화를 좋아해요? (O) どんな映画が好きですか？

  승준 씨 집에 어떤 가야 해요? (X)

2. 연습하기　練習

※ 다음을 보고 '어떤'을 사용하여 대화를 완성하십시오.

1) 가: ＿＿＿＿＿＿＿＿ 좋아해요?

   나: 저는 매운 음식을 좋아해요.

2) 가: ＿＿＿＿＿＿＿＿ 사고 싶어요?

   나: 날씨가 더우니까 시원한 옷을 사고 싶어요.

3) 가: 어제 만난 사람은 ＿＿＿＿＿＿＿＿ 이었어요?

   나: 정말 재미있는 사람이었어요.

解答

1) 어떤 음식을　　2) 어떤 옷을　　3) 어떤 사람

1. 알아두기 用法の確認

① 방법을 물어볼 때 사용한다. 方法を尋ねる時に使う。

例
- 가: 한국어 쓰기는 **어떻게** 연습해요? 韓国語の作文はどのように練習しますか？
  나: 한국어로 일기를 쓰고 있어요. 韓国語で日記を書いています。

- 가: 도나 씨 집에 **어떻게** 가야 해요? ドナさんの家にどうやって行けばいいですか？
  나: 여기서 버스를 타고 가면 돼요. ここからバスに乗って行けばいいです。

2. 연습하기 練習

※ 다음을 보고 '어떻게'를 사용하여 대화를 완성하십시오.

1)

가: 여기서 남대문을 가려면 _______________
_______________?
나: 다음 사거리에서 왼쪽으로 가세요.

2)

가: _________________________________?
나: 등록을 하려고 하는데요.

解答

1) 어떻게 가야 해요   2) 어떻게 오셨어요

얼마 ★

1. 알아두기　用法の確認

❶ 가격이나 수량, 정도를 물어 볼 때 사용한다.　価格や数量、程度を尋ねる時に使う。

- 가: 이 사과 **얼마**예요?　このリンゴいくらですか？
  나: 3개에 오천 원이에요.　3個で５チウォンです。
- **얼마**동안 한국에 있었어요?　どのくらいの間、韓国にいましたか？

unit **18**
의문사 2

2. 연습하기　練習

※ 〈보기〉에서 알맞은 것을 골라서 (　　　)에 쓰십시오.

보기	누구　　어디　　언제　　얼마

1) 이 가방은 (　　　　　)예요?

2) 저 사람은 (　　　　　)예요?

3) 생일이 (　　　　)예요?

4) (　　　　　)에서 만나요?

解答

1) 얼마　　2) 누구　　3) 언제　　4) 어디

I. 알아두기　用法の確認

1 어떤 것의 정도를 물을 때 사용한다.　あることの程度を尋ねる時に使う。

> 例
> - 가: 학교까지 **얼마나** 걸려요?　学校までどれくらいかかりますか？
>   나: 걸어서 15분쯤 걸려요.　歩いて15分ほどかかります。
> - 가: 쉬는 시간이 **얼마나** 남았어요?　休み時間がどれくらい残っていますか？
>   나: 5분 남았어요.　5分残っています。

2. 연습하기　練習

※ 다음을 보고 '얼마나'를 사용하여 대화를 완성하십시오.

1) 가: 한국어를 ＿＿＿＿＿＿＿＿＿＿＿＿＿＿？

　나: 6개월 배웠어요.

2) 가: 집까지 ＿＿＿＿＿＿＿＿＿＿＿＿＿？

　나: 버스로 30분쯤 걸려요.

3) 가: 1년 유학하는 데 돈이 ＿＿＿＿＿＿＿＿＿＿＿＿？

　나: 천만 원쯤 들어요.

解答

1) 얼마나 배웠어요　　2) 버스로 얼마나 걸려요　　3) 얼마나 들어요

연습 문제 練習問題

1 다음 (　　　)에 알맞은 것을 고르십시오.

> 가: 지금이 몇 시예요?
> 나: (　　　　　　　　).

① 3월 11일이에요　　　　　　② 두 시 반이에요
③ 목요일이에요　　　　　　　④ 쉬는 시간이에요　　　083

2 다음 (　　　)에 들어갈 말로 가장 알맞은 것을 고르십시오.

> 가: (　　　　　　　　　　)?
> 나: 5년 살았어요.

① 왜 서울에 살았어요　　　　② 언제 서울에 살았어요
③ 얼마나 서울에 살았어요　　④ 어떻게 서울에 살았어요　　088

3 다음 (　　　)에 알맞은 것을 고르십시오.

> 가: 이번 방학에는 (　　　　　　　　) 지역으로 여행을 갈까?
> 나: 강원도가 어때? 설악산에 가 보고 싶어.

① 어디　　　　　　　　　　② 어느
③ 누구　　　　　　　　　　④ 언제　　　084

4 다음 (　　　)에 알맞은 것을 고르십시오.

> 가: (　　　　　　　　　　) 영화를 좋아해요?
> 나: 무서운 영화를 좋아해요.

① 언제　　　　　　　　　　② 누구
③ 무엇　　　　　　　　　　④ 어떤　　　085

5 (　　　)에 알맞은 것을 고르십시오.

> 가: (　　　　　　　　　　　　) 오셨어요?
> 나: 김 선생님을 뵈러 왔습니다.

❶ 언제　　　　　　　　　　❷ 무엇을
❸ 어떻게　　　　　　　　　　❹ 누구를　　　　**086**

6 (　　　)에 알맞은 것을 고르십시오.

> 이 빵은 (　　　　　　　　　　)예요?

❶ 얼마　　　　　　　　　　❷ 누구
❸ 어디　　　　　　　　　　❹ 언제　　　　**087**

불규칙 不規則

❶ 끝음절이 모음 '으'로 끝나는 어간은 '아/어'로 시작하는 문법 형태와 결합할 경우 어간의 '으'는 없어진다. 語幹末の音節が母音'으'の後に'아/어'で始まる語尾が続くと、語幹の'으'は脱落する。

예쁘다	▶ 예쁘 + 어요 → **예뻐요**

	-아/어요	-(으)면	-(으)니까	-(스)ㅂ니다
예쁘다	예뻐요	예쁘면	예쁘니까	예쁩니다
기쁘다	기뻐요	기쁘면	기쁘니까	기쁩니다
아프다	아파요	아프면	아프니까	아픕니다
고프다	고파요	고프면	고프니까	고픕니다
쓰다	써요	쓰면	쓰니까	씁니다

例 • 상희 씨는 **예뻐서** 인기가 많아요. サンヒさんはきれいなので人気があります。
  • 점심을 못 먹어서 배가 너무 **고파요**. 昼食を食べられなかったのでお腹がとても空いています。
  • 친구에게 편지를 **써서** 보냈습니다. 友達に手紙を書いて送りました。

※ 다음 문장을 완성하십시오.

1) 선생님께 편지를 ___________ -았/었어요. (쓰다)

2) 아이가 너무 ___________ -아/어요. (예쁘다)

3) 시험에 합격해서 정말 ___________ -았/었어요. (기쁘다)

解答
1) 썼어요   2) 예뻐요   3) 기뻤어요

090 ‘ㄷ’ 불규칙 ★★

1 받침이 ‘ㄷ’인 어간은 모음 ‘아/어’나 ‘으’로 시작하는 문법 형태와 결합할 경우 어간 받침 ‘ㄷ’이 ‘ㄹ’로 바뀐다. 단, ‘닫다, 받다’의 경우는 규칙적 변화를 하므로 받침의 형태가 변하지 않는다.

パッチムが‘ㄷ’の語幹は、母音‘아/어’や‘으’で始まる語尾が後に続くと、語幹のパッチム‘ㄷ’が‘ㄹ’に変わる。ただし、‘닫다, 받다’の場合は規則的に活用するのでパッチムは変化しない。

걷다
- 걷 + 어요 → 걸 + 어요 → **걸어요**
- 걷 + 으니까 → 걸 + 으니까 → **걸으니까**

	-아/어요	-(으)면	-(으)니까	-(스)ㅂ니다
걷다	걸어요	걸으면	걸으니까	걷습니다
듣다	들어요	들으면	들으니까	듣습니다
묻다	물어요	물으면	물으니까	묻습니다
닫다	닫아요	닫으면	닫으니까	닫습니다
받다	받아요	받으면	받으니까	받습니다

- 저는 **걸어서** 학교에 갑니다. 私は歩いて学校に行きます。
- 그 가수의 노래를 **들으면** 기분이 좋아져요. その歌手の歌を聞くと気分が良くなります。
- 모르는 게 있으면 저한테 **물어** 보세요. 分からないことがあれば私に聞いてください。

※ 다음 대화를 완성하십시오.

1) 가: 지금 뭐 해요?

　　나: 책을 읽으면서 음악을 ＿＿＿＿＿＿＿＿＿＿＿-아/어요. (듣다)

2) 가: 추우니까 문을 좀 ＿＿＿＿＿＿＿＿＿＿＿-아/어 주세요. (닫다)

　　나: 네, 알겠어요.

3) 가: 너무 어려워서 잘 모르겠어요.

　　나: 그럼 선생님께 ＿＿＿＿＿＿＿＿＿＿＿-아/어 보세요. (묻다)

解答

1) 들어요　　2) 닫아　　3) 물어

1. 알아두기　用法の確認

1 받침이 ‘ㅂ’인 어간은 모음 ‘아/어’나 ‘으’로 시작하는 문법 형태와 결합할 경우 어간 받침 ‘ㅂ’은 없어지고, 모음 ‘아/어’는 ‘워’로 ‘으’는 ‘우’로 바뀐다. 단, ‘돕다’의 경우는 모음 ‘아/어’로 시작하는 문법 형태가 올 경우 ‘아/어’는 ‘와’로 바뀐다. 그런데 ‘입다, 좁다’의 경우는 규칙적 변화를 하므로 받침의 형태가 변하지 않는다.

* パッチムが‘ㅂ’の語幹は母音‘아/어’や‘으’で始まる語尾が後に続くと、語幹のパッチム‘ㅂ’は脱落し、母音‘아/어’は‘워’に、‘으’は‘우’に変わる。ただし、‘돕다’の場合は母音‘아/어’が後につく場合、‘아/어’は‘와’となる。例外として‘입다, 좁다’の場合は規則的に活用するのでパッチムは変化しない。

덥다　▶　덥 + 어요 → 더 + **워요** → **더워요**　　▶　덥 + 으니까 → 더 + **우니까** → **더우니까**

	-아/어요	-(으)면	-(으)니까	-(스)ㅂ니다
덥다	더**워요**	더**우면**	더**우니까**	덥습니다
아름답다	아름다**워요**	아름다**우면**	아름다**우니까**	아름답습니다
귀엽다	귀여**워요**	귀여**우면**	귀여**우니까**	귀엽습니다
고맙다	고마**워요**	고마**우면**	고마**우니까**	고맙습니다
돕다	도**와요**	도**우면**	도**우니까**	돕습니다
입다	입어요	입으면	입으니까	입습니다
좁다	좁아요	좁으면	좁으니까	좁습니다

例 ▶
- 날씨가 너무 더**워서** 밤에 잠을 못 자요.　天気がとても暑くて夜は眠れません。
- 지하철역이 가까**워서** 편해요.　地下鉄の駅が近くて楽です。
- 제주도는 자연이 아름다**운** 곳이에요.　済州道は自然が美しいところです。

2. 연습하기　練習

※ 다음 문장을 완성하십시오.

1) 집에서 학교까지 __________ -아/어서 버스를 타지 않아요. (가깝다)

2) 혜경 씨는 치마를 자주 __________ -아/어요. (입다)

3) __________ -(으)니까 에어컨을 켜 주세요. (덥다)

解答

1) 가까워서　　2) 입어요　　3) 더우니까

092 '르' 불규칙 ★★

Ⅰ. 알아두기　用法の確認

① 받침이 '르'인 어간은 'ㄴ, ㅂ, ㅅ'으로 시작하는 문법 형태와 결합할 경우 어간 받침 '르'이 없어진다. 뿐만 아니라, 받침이 '르'인 어간은 모음 '으'로 시작하는 문법 형태와 결합할 경우는 '으'가 없어진다.

パッチムが'ㄹ'の語幹は'ㄴ, ㅂ, ㅅ'で始まる語尾が後に続くと、語幹のパッチム'ㄹ'が脱落する。さらにパッチムが'ㄹ'の語幹は母音'으'でまる語尾が後に続くと'으'が脱落する。

살다 ▶ 살 + ㅂ니다 → **삽니다**
　　　 ▶ 살 + 는 → **사는**
　　　 ▶ 살 + 으면 → **살면**

	-아/어요	-(으)면	-(으)니까	-(스)ㅂ니다
살다	살아요	살**면**	사**니까**	삽니다
놀다	놀아요	놀**면**	노**니까**	놉니다
만들다	만들어요	만들**면**	만드**니까**	만듭니다
멀다	멀어요	멀**면**	머**니까**	멉니다

例
- 도시에 사**니까** 참 편해요.　都会に暮らしているので本当に楽です。
- 이것은 제가 **만든** 빵입니다.　これは私が作ったパンです。
- 집에서 회사까지 아주 **멉니다**.　家から会社までとても遠いです。

2. 연습하기　練習

※ 다음 문장을 완성하십시오.

1) 우리 언니는 부산에 ＿＿＿＿＿＿-(스)ㅂ니다. (살다)

2) 여기에서 역까지 좀 ＿＿＿＿＿＿-(으)니까 택시를 타세요. (멀다)

3) 아이들이 운동장에서 축구를 하면서 ＿＿＿＿＿＿-(스)ㅂ니다. (놀다)

解答

1) 삽니다　　2) 머니까　　3) 놉니다

'르' 불규칙 ★★

1. 알아두기　用法の確認

① 끝음절이 '르'인 어간은 '아/어'로 시작하는 문법 형태와 결합할 경우 어간에 받침 'ㄹ'이 생기고 '으'가 없어진다.

語幹末の音節が'르'の語幹は'아/어'で始まる語尾が続くと、語幹のパッチム'ㄹ'が添加され'으'が脱落する。

> **모르다**　▶ 모르 + 아요 → 몰ㄹ + 아요 → **몰라요**

	-아/어요	-(으)면	-(으)니까	-(스)ㅂ니다
다르다	달라요	다르면	다르니까	다릅니다
모르다	몰라요	모르면	모르니까	모릅니다
부르다	불러요	부르면	부르니까	부릅니다
빠르다	빨라요	빠르면	빠르니까	빠릅니다
고르다	골라요	고르면	고르니까	고릅니다
자르다	잘라요	자르면	자르니까	자릅니다

例 ▶
- 나라마다 문화가 **달라요**. 　国ごとに文化が違います。
- 출퇴근 시간에는 지하철이 버스보다 **빨라요**. 　出退勤時間には地下鉄の方がバスより速いです。
- 한국말을 **몰라서** 불편할 때가 많아요. 　韓国語が分からなくて不便な時が多いです。

2. 연습하기　練習

※ 다음 문장을 완성하십시오.

1) 친구가 나를 여러 번 __________ -았/었는데 못 들었어요. (부르다)

2) 저는 한국말을 __________ -아/어요. (모르다)

3) 먹고 싶은 과일을 하나 __________ -아/어 보세요. (고르다)

> **解答**
>
> 1) 불렀는데　　2) 몰라요　　3) 골라

'人' 불규칙 ★

1. 알아두기　用法の確認

① 받침이 'ㅅ'인 어간은 모음 '아/어'나 '으'로 시작하는 문법 형태와 결합할 경우 어간 받침 'ㅅ'이 없어진다. 그런데, '웃다, 씻다'의 경우 규칙적 변화를 하므로 받침 'ㅅ'이 사라지지 않는다.

パッチムが'ㅅ'の語幹は母音'아/어'や'으'で始まる語尾が続くと、語幹のパッチム'ㅅ'が脱落する。例外として'웃다, 씻다'の場合は規則的に活用するのでパッチム'ㅅ'が脱落しない。

unit 19
불규칙

> 짓다　▶ 짓 + 어요 → **지어요**
> 　　　▶ 짓 + 으면 → **지으면**

	-아/어요	-(으)면	-(으)니까	-(스)ㅂ니다
짓다	지**어요**	지**으면**	지**으니까**	짓습니다
붓다	부**어요**	부**으면**	부**으니까**	붓습니다
젓다	저**어요**	저**으면**	저**으니까**	젓습니다
웃다	웃어요	웃으면	웃으니까	웃습니다
씻다	씻어요	씻으면	씻으니까	씻습니다

例 ▶
- 다친 다리가 부**었어요**.　ケガした足が腫れました。
- 이 집은 지**은** 지 3년이 되었습니다.　この家は建ててから3年になりました。
- 제 동생은 잘 웃어요.　私の弟(妹)はよく笑います。

2. 연습하기　練習

※ 다음 문장을 완성하십시오.

1) 제 이름은 아버지께서 __________ -아/어 주셨어요. (짓다)

2) 집에 오면 손을 깨끗하게 __________ -(으)세요. (씻다)

3) 어젯밤에 라면을 먹고 자서 얼굴이 __________ -았/었어요. (붓다)

解答

1) 지어　　2) 씻으세요　　3) 부었어요

' ㅎ ' 불규칙 ★

1 받침이 'ㅎ'인 어간은 '아/어'로 시작하는 문법 형태와 결합할 경우 받침 'ㅎ'이 없어지고 '아/어'는 '애'가 된다. 반면에 '으'로 시작하는 문법 형태와 결합할 경우 받침 'ㅎ'은 없어지지만 '아/어'는 변하지 않는다.

パッチムが'ㅎ'である語幹は'아/어'で始まる語尾が続くと、パッチム'ㅎ'が脱落し'아/어'は'애'となる。一方'으'で始まる語尾が続く場合、パッチム'ㅎ'と'으'は脱落する。

> **노랗다** ▶ 노랗 + 아요 → **노래요**
> ▶ 노랗 + 으니까 → **노라니까**

	–아/어요	–(으)면	–(으)니까	–(스)ㅂ니다
노랗다	노래요	노라**면**	노라**니까**	노랗습니다
까맣다	까매요	까마**면**	까마**니까**	까맣습니다
빨갛다	빨개요	빨가**면**	빨가**니까**	빨갛습니다
파랗다	파래요	파라**면**	파라**니까**	파랗습니다
하얗다	하얘요	하야**면**	하야**니까**	하얗습니다
그렇다	그래요	그러**면**	그러**니까**	그렇습니다

例 ▶ • 아이의 얼굴이 하얘요. 子供の顔(肌)が白いです。

• 제가 좋아하는 색은 노란 색입니다. 私が好きな色は黄色です。

• 그런 말은 하지 마세요. そんなこと言わないでください。

※ 다음 문장을 완성하십시오.

1) 부끄러워서 얼굴이 __________ –아/어졌어요. (빨갛다)

2) 밖에서 들어온 아이의 손이 __________ –아/어요. (까맣다)

3) __________ –(으)ㄴ 하늘을 보면 기분이 좋습니다. (파랗다)

解答

1) 빨개졌어요   2) 까매요   3) 파란

연습 문제 練習問題

1 밑줄 친 부분이 <u>틀린</u> 것을 고르십시오.

  ❶ 날씨가 너무 <u>더워요</u>.
  ❷ 부모님께 편지를 <u>쓰어요</u>.
  ❸ 저 사람을 <u>몰라요</u>.
  ❹ 부산에 <u>살아요</u>.

unit 19
불규칙

2 밑줄 친 부분이 <u>틀린</u> 것을 고르십시오.

  ❶ 날씨가 <u>추우니까</u> 옷을 많이 입으세요.
  ❷ 잘 <u>몰라서</u> 선생님께 질문을 했어요.
  ❸ 저는 주말에 음악을 <u>들거나</u> 책을 읽어요.
  ❹ 편지를 <u>써서</u> 친구에게 보냈습니다.

3 밑줄 친 부분이 <u>틀린</u> 것을 고르십시오.

  ❶ 날씨가 <u>줍어요</u>.
  ❷ 머리가 <u>길어요</u>.
  ❸ 중국말을 <u>몰라요</u>.
  ❹ 내일은 <u>바빠요</u>.

4 밑줄 친 부분이 <u>틀린</u> 것을 고르십시오.

  ❶ 한국이 이렇게 추운지 <u>몰랐어요</u>.
  ❷ 어제부터 계속 머리가 <u>아파요</u>.
  ❸ 지금부터 불고기를 <u>만들으세요</u>.
  ❹ 같이 음악을 <u>들을래요</u>?

5 밑줄 친 부분이 <u>틀린</u> 것을 고르십시오.

  ❶ 지난주는 계속 <u>바빴어요</u>.
  ❷ 오늘은 하늘이 정말 <u>파래요</u>.
  ❸ 올해 겨울은 정말 <u>추웠어요</u>.
  ❹ 김치가 이렇게 매운지 <u>모랐어요</u>.

6 밑줄 친 부분이 <u>틀린</u> 것을 고르십시오.

❶ 매일 <u>걸어서</u> 회사에 가요.
❷ 이 바지는 너무 <u>기니까</u> 다른 걸로 주세요.
❸ 친구를 <u>부르었지만</u> 친구가 못 들었어요.
❹ 배가 <u>고파도</u> 밥을 먹을 수 없어요.

7 밑줄 친 부분이 <u>틀린</u> 것을 고르십시오.

❶ 좋아하는 음악을 <u>들었어요</u>.
❷ 오늘은 정말 날씨가 <u>더웠어요</u>.
❸ 30분 전부터 배가 너무 <u>아파요</u>.
❹ 제 이름은 할아버지께서 <u>짓으셨어요</u>.

8 밑줄 친 부분이 <u>틀린</u> 것을 고르십시오.

❶ 공원에 가서 <u>놀을래요</u>.
❷ 같이 좀 <u>걸을까요</u>?
❸ 공책에 무엇을 <u>써요</u>?
❹ 친구의 이름을 <u>불렀어요</u>.

9 밑줄 친 부분이 <u>틀린</u> 것을 고르십시오.

❶ 배가 <u>고파서</u> 빵을 먹어요.
❷ <u>가깝으니까</u> 걸어서 갑시다.
❸ 음악을 <u>들으니까</u> 좋아요.
❹ 한국어를 <u>몰라서</u> 불편해요.

10 밑줄 친 부분이 <u>틀린</u> 것을 고르십시오.

❶ 저는 <u>걸어서</u> 학교에 가요.
❷ <u>더우면</u> 아이스크림을 먹자.
❸ 한국 노래를 <u>불러</u> 주세요.
❹ 은행이 <u>머니까</u> 택시를 탑시다.

11 밑줄 친 부분이 <u>틀린</u> 것을 고르십시오.

❶ 얼굴이 <u>부었어요</u>.
❷ 배가 <u>아프어서</u> 병원에 가요.
❸ 지하철이 제일 <u>빨라요</u>.
❹ <u>까만</u> 가방을 사고 싶어요.

089

12 밑줄 친 부분이 <u>틀린</u> 것을 고르십시오.

❶ 작년에 <u>지은</u> 역입니다.
❷ 언니가 <u>만든</u> 케이크예요.
❸ <u>하얄은</u> 원피스를 사고 싶어요.
❹ <u>귀여운</u> 아이들이 많이 있어요.

095

13 밑줄 친 부분이 <u>틀린</u> 것을 고르십시오.

❶ 이 가방은 <u>예쁘어서</u> 인기가 많아요.
❷ <u>더우니까</u> 에어컨을 켤까요?
❸ <u>걸어서</u> 공원에 갑시다.
❹ 생일 선물을 <u>골라</u> 보세요.

089

1. 알아두기　用法の確認

❶ 선행절이 후행절의 원인이나 이유가 될 때 사용한다.

先行節が後行節の原因や理由になる時に使う。

例
- 갑자기 날씨가 추워졌습니다. **그래서** 감기에 걸린 사람이 많습니다.

  突然が寒くなりました。それで風邪を引いた人が多いです。

- 어제 지갑을 잃어버렸어요. **그래서** 오늘 새 지갑을 살 거예요.

  昨日財布をなくしました。それで今日新しい財布を買うつもりです。

- 내일 등산을 할 거예요. **그래서** 오늘 김밥을 준비해야 해요.

  明日登山をするつもりです。それで今日のり巻きを準備しなければなりません。

2. 연습하기　練習

※ 다음 빈칸에 '그래서'를 넣을 수 있는 것을 고르십시오.

① 서울은 지하철이 편리해요. (　　　　　) 버스도 편리해요.

② 옷이 너무 비쌌어요. (　　　　) 못 샀어요.

③ 언니는 키가 커요. (　　　　) 나는 키가 작아요.

④ 교실이 추워요. (　　　　) 숙제를 했어요.

解答

②

1. 알아두기　用法の確認

❶ 앞 문장의 내용과 반대되는 이야기를 할 때 사용한다.
前文の内容と反対になる話をする時に使う。

> 例
> - 형은 키가 커요. **그런데** 저는 키가 작아요.　兄は背が高いです。しかし私は背が低いです。
> - 어제 한 드라마는 재미있었어요. **그런데** 오늘 하는 드라마는 재미없어요.
>   昨日のドラマはおもしろかったです。ところが今日のドラマはおもしろくないです。

❷ 앞 문장이 뒷문장의 상황적 배경이 될 때 사용한다.
前文が後文の状況的な背景になる時に使う。

> 例
> - 제가 자고 있었어요. **그런데** 전화가 왔어요.　私は寝ていました。そこで電話がきました。
> - 이 영화를 지난주에 봤어요. **그런데** 재미있었어요.　この映画を先週見ました。それでおもしろかったです。

❸ 앞 문장의 이야기를 다른 이야기로 바꿀 때 사용한다.
前文の内容から他の話題に変える時に使う。

> 例
> - 책을 빌려 줘서 고마워요. **그런데** 어제는 왜 학교에 안 왔어요?
>   本を貸してくれてありがとう。ところで昨日はなぜ学校に来なかったでしたか？
> - 어제 말씀하신 일은 다 끝냈습니다. **그런데** 다른 문제가 생겼습니다.
>   昨日おっしゃったことは全て終わらせました。ところが他の問題が生じました。

2. 더 알아두기　チェックポイント

▶ '그런데'가 ❶과 ❷의 뜻일 때는 '-는데'⁰⁰⁸를 사용하여 한 문장으로 바꾸어 사용할 수 있다.
'그런데'가 ❶と❷の意味の時は'-는데'と置き換えて一文にすることができる。

> 例
> - 형은 키가 커요. **그런데** 저는 키가 작아요.　兄は背が高いですが、私は背が低いです。
>   → 형은 키가 **큰데** 저는 키가 작아요.
> - 이 영화를 지난주에 봤어요. 그런데 재미있었어요.　この映画を先週見ましたがおもしろかったです。
>   → 이 영화를 지난주에 봤**는데** 재미있었어요.

▶ '그런데'가 ❶의 뜻일 때는 '그렇지만/그러나/하지만'⁰⁹⁸과 바꾸어 사용할 수 있다.
'그런데'가 ❶の意味の時は'그렇지만/그러나/하지만'と置き換えて使うことができる。

> 例
> - 형은 키가 커요. **그런데** 저는 키가 작아요.　兄は背が高いです。しかし私は背が低いです。
>   = 형은 키가 커요. **그렇지만** 저는 키가 작아요.
>   = 형은 키가 커요. **그러나** 저는 키가 작아요.
>   = 형은 키가 커요. **하지만** 저는 키가 작아요.

※ 다음을 보고 '그런데'를 사용하여 문장을 완성하십시오.

1)

지난번 시험은 어려웠어요. ________________

________________________________.

2)

주말에 산에 갔어요. ____________________

________________________________.

3)

일찍 왔네요. ____________________

________________________________?

解答

1) 그런데 이번 시험은 쉬웠어요　　　　2) 그런데 너무 힘들었어요　　　　3) 그런데 어디 아파요

그렇지만/그러나/하지만 ★

1. 알아두기　　用法の確認

❶ 앞 문장의 내용과 반대되는 내용이 올 때 사용한다.
前文の内容と反対になる内容が来る時に使う。

> 例
> - 한국어는 어려워요. **그렇지만** 재미있어요.　韓国語は難しいです。だけどおもしろいです。
> - 나는 열심히 공부했다. **그러나** 시험을 못 봤다.　私は一生懸命に勉強した。しかし試験(の結果)はダメだった。
> - 저는 한국 사람입니다. **하지만** 김치를 먹을 수 없습니다.　私は韓国人です。しかしキムチが食べられません。

2. 더 알아두기　　チェックポイント

▶ '그렇지만/그러나/하지만'은 '–지만' **029**을 사용하여 한 문장으로 바꾸어 사용할 수 있다.
'그렇지만/그러나/하지만'は'–지만'と置き換えて一文にすることができる。

> 例
> - 김치는 맛있어요. **그렇지만** 매워요.　キムチはおいしいですが辛いです。
>   김치는 맛있어요. **그러나** 매워요.
>   김치는 맛있어요. **하지만** 매워요.
>   → 김치는 맛있**지만** 맛있어요.

▶ '그렇지만/그러나/하지만'은 '그런데' **097**가 ❶의 뜻일 때는 바꾸어 사용할 수 있다.
'그렇지만/그러나/하지만'は'그런데'と置き換えて使うことができる。

> 例
> - 열심히 연습했어요. **그렇지만** 실수를 해 버렸어요.
>   一生懸命に練習しました。ところがミスをしてしまいました。
>   열심히 연습했어요. **그러나** 실수를 해 버렸어요.
>   열심히 연습했어요. **하지만** 실수를 해 버렸어요.
>   열심히 연습했어요. **그런데** 실수를 해 버렸어요.

3. 연습하기　　練習

※ 다음 빈칸에 '그렇지만/그러나/하지만'을 넣을 수 있는 것을 고르십시오.

① 서울의 지하철은 편리해요. (　　　　　) 복잡해요.

② 친구에게 전화했어요. (　　　　) 같이 영화를 봤어요.

③ 우리 동생은 노래를 잘해요. (　　　　) 춤도 잘 춰요.

④ 날씨가 더워요. (　　　　) 에어컨을 켰어요.

解答

①

099

그리고 ★

❶ 명사나 문장을 대등하게 연결할 때 사용한다. 名詞や文を対等につなげる時に使う。

> 例
> - 혜경 씨는 춤을 잘 춰요. **그리고** 노래도 잘해요. ヘギョンさんは踊りが上手です。そして歌も上手です。
> - 도나 씨는 예뻐요. **그리고** 친절해요. ドナさんはきれいです。そして親切です。
> - 생일 때 책, 꽃 **그리고** 시계를 받았어요. 誕生日の時、本、花、そして時計をもらいました。

❷ 앞 문장과 뒤 문장을 시간 순서대로 나열할 때 사용한다. 前文と後文を時間順に羅列する時に使う。

> 例
> - 아침에 일어나면 먼저 물을 마셔요. **그리고** 세수를 해요. 朝起きたら先に水を飲みます。そして顔を洗います。
> - 고향에 가면 우리 집에 갈 거예요. **그리고** 친구들을 만날 거예요.
>   故郷に行ったら私の家に行くつもりです。そして友達に会うつもりです。
> - 어제 숙제를 했어요. **그리고** 잤어요. 昨日宿題をしました。そして寝ました。

▶ '그리고'는 '-고' ⓪⓪²를 사용하여 한 문장으로 바꾸어 사용할 수 있다.
'그리고'は"-고"を使って一文にすることができる。

> 例
> - 친구와 같이 영화를 봤어요. **그리고** 밥을 먹었어요.
>   友達と一緒に映画を見ました。そしてご飯を食べました。
>   = 친구와 같이 영화를 보**고** 밥을 먹었어요. 友達と一緒に映画を見て、ご飯を食べました。

※ 다음 그림을 보고 '그리고'를 사용하여 문장을 완성하십시오.

1)

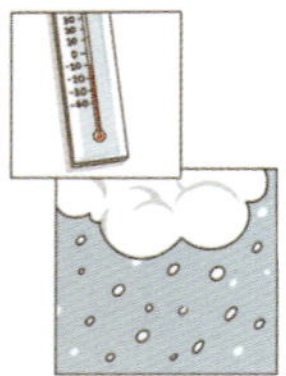

날씨가 추워요.

______________________________.

2)

저는 주말에 친구를 만났어요.

______________________________.

3)

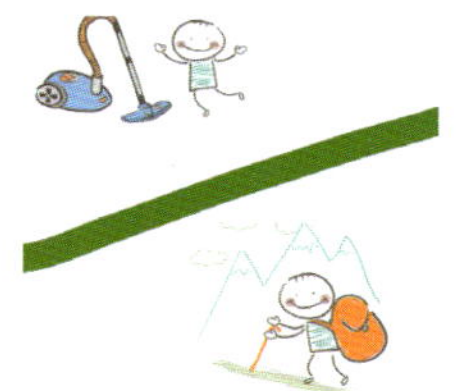

저는 내일 청소를 할 거예요.

______________________________________.

1) 그리고 눈이 와요.   2) 그리고 백화점에서 쇼핑을 했어요.   3) 그리고 등산을 할 거예요.

연습 문제 練習問題

1　다음 (　　　)에 알맞은 것을 고르십시오.

> 어제부터 배가 많이 아파요. (　　　　　　　　　) 내일은 병원에 갈 거예요.

❶ 그리고　　　　　　　❷ 그래서
❸ 그렇지만　　　　　　❹ 그러면　　　　**096**

2　다음 밑줄 친 부분에 들어갈 말로 가장 알맞은 것을 고르십시오.

> 가: 어제는 제 생일이었어요. ______________ 기분이 안 좋았어요.
> 나: 왜요? 무슨 일이 있었어요?

❶ 그리고　　　　　　　❷ 그런데
❸ 그래서　　　　　　　❹ 그러니까　　　**097**

3　다음 (　　　)에 알맞은 것을 고르십시오.

> 인터넷 덕분에 우리 생활이 편해졌습니다. (　　　) 인터넷 때문에 생기는 문제도 많습니다.

❶ 그래도　　　　　　　❷ 그러면
❸ 그래서　　　　　　　❹ 그렇지만　　　**098**

4　다음 (　　　)에 가장 알맞은 것을 고르십시오.

> 가: 시험이 끝나면 뭘 하고 싶어요?
> 나: 영화를 많이 보고 싶어요. (　　　　　　　) 여행도 가고 싶어요.

❶ 그러니까　　　　　　❷ 그래서
❸ 그래도　　　　　　　❹ 그리고　　　　**099**

반말 パンマル

(同年代や年下、ごく親しい相手に対して使う表現)

100　반말

반말 ★

 用法の確認

① 나이가 비슷한 친한 사람 또는 자기보다 나이가 어린 사람과 이야기할 때 사용한다.
年の近い人、または自分より年齢が幼い人と話す時に使う。

가. 평서문/의문문 平叙文/疑問文

		-았/었어	-아/어	-(으)ㄹ 거야
동사 動詞	먹다	먹었어	먹어	먹을 거야
	가다	갔어	가	갈 거야
	공부하다	공부했어	공부해	공부할 거야
형용사 形容詞	좋다	좋았어	좋아	좋을 거야
	싸다	쌌어	싸	쌀 거야

		이었/였어	(이)야	일 거야
명사+이다 名詞	학생	학생이었어	학생이야	학생일 거야
	친구	친구였어	친구야	친구일 거야

- 가: 밥 **먹었어**?　ご飯食べた？
  나: 응, **먹었어**.　うん、食べた。
- 내일은 오늘보다 날씨가 **좋을 거야**.　明日は今日より天気がいいだろう。
- 이 사람이 내 **친구야**.　この人が私の友達だ。

나. 명령문 命令文

		-아/어	-지 마
동사 動詞	먹다	먹어	먹지 마
	가다	가	가지 마
	공부하다	공부해	공부하지 마

例
- 가: 많이 먹**어**. たくさん食べて。
  나: 고마워. ありがとう。
- 가: 오늘은 전화하**지 마**. 今日は電話しないで。
  나: 응. 알았어. うん。分かった。

다. 청유문 勧誘文

		–자	–지 말자
동사 動詞	먹다	먹**자**	먹**지 말자**
	가다	가**자**	가**지 말자**

例
- 가: 오늘 영화 보**자**. 今日映画見よう。
  나: 응, 좋아. うん、いいよ。
- 가: 오늘은 게임 하**지 말자**. 今日はゲームするのをやめよう。
  나: 그래. そうしよう。

unit 21
반말

TIP

1) 반말에 대해 더 알아볼까요? パンマルについてさらに確認してみましょう。

높임말	반말	예문
저/전	나/난	**저는** 학생이에요. → **나는** 학생이야.
제가	내가	**제가** 김지영이에요. → **내가** 김지영이야.
(당신은)	너는/넌	**(당신은)** 누구세요? → **너는** 누구야?
(당신이)	네가	**(당신이)** 혜경 씨예요? → **네가** 혜경이야?
저의/제	나의/내	**제** 여자 친구예요. → **내** 여자 친구야.
(당신의)	너의/네	**(당신의)** 책을 빌려 주세요. → **네** 책을 빌려 줘.
네	응	**네**, 알겠어요. → **응**, 알겠어.
아니요	아니	**아니요**, 몰라요. → **아니**, 몰라.

2) 반말로 인사할 때는 어떻게 할까요? パンマルで挨拶する時はどのようにしますか？

높임말	반말
안녕하세요	안녕
안녕히 가세요	잘 가
안녕히 계세요	잘 있어
감사합니다/고맙습니다	고마워
죄송합니다/미안합니다	미안해

※ 다음 그림을 보고 반말을 사용하여 알맞은 문장을 완성하십시오.

1)

2)

"승준아, 더운데 우리 아이스크
림을 ________________"

解答

1) 안녕 / 잘 있어   2) 먹자

연습 문제 練習問題

1 다음 빈칸에 들어갈 알맞은 것을 고르십시오.

> 가: 지금 상희 씨에게 전화하면 통화할 수 있을까?
> 나: 글쎄. 지금 수업 중이니까 나중에 ________________.

❶ 전화해 
❷ 전화하네
❸ 전화했어
❹ 전화한다

unit 21
반말

MEMO

간접화법 間接話法

101 간접화법

❶ 자신이 보거나 들은 것을 다른 사람에게 말할 때 사용한다.
自身が見たり聞いたりしたことを他の人に述べる時に使う。

例
- 가: 언제까지 장학금을 신청해야 하는지 알아요?
  いつまで奨学金を申し込まなければならないのか分かりますか？
- 나: 어제 학교 홈페이지에서 봤는데 이번 주 금요일까지**라고 해요**.
  昨日学校のホームページで見たのですが、今週の金曜日までだそうです。

例
- 가: 언니, 내일 엄마 생신인데 어떤 선물을 준비해야 할까?
  お姉さん、明日ママのお誕生日なんだけどどんなプレゼントを準備したらいいかな？
- 나: 엄마가 이번 생일 선물로 소설책을 갖고 싶**다고 하**셨어.
  ママが今度の誕生日プレゼントに小説が欲しいって言ってた。

❷ 자신이 한 말을 다시 한 번 말할 때 사용한다. 自身がした話をもう一度述べる時に使う。

例
- 가: 지금이 몇 시예요? 今何時ですか？
- 나: 네? 뭐**라고 하**셨어요? ええ？何とおっしゃいましたか？
- 가: 지금이 몇 시**냐고 했**어요. 今何時かと言いました。

가. 평서문 平叙文

동사 動詞		-았/었다고 하다	-(느)ㄴ다고 하다	-(으)ㄹ 거라고 하다
	만나다	만났다고 하다	만난다고 하다	만날 거라고 하다
	읽다	읽었다고 하다	읽는다고 하다	읽을 거라고 하다

형용사 形容詞		-았/었다고 하다	-다고 하다	-(으)ㄹ 거라고 하다
	바쁘다	바빴다고 하다	바쁘다고 하다	바쁠 거라고 하다
	작다	작았다고 하다	작다고 하다	작을 거라고 하다

명사+이다 名詞		이었/였다고 하다	(이)라고 하다	일 거라고 하다
	친구	친구였다고 하다	친구라고 하다	친구일거라고 하다
	학생	학생이었다고 하다	학생이라고 하다	학생일거라고 하다

例
- 도나: "저는 지난주에 정말 바빴어요." 私は先週本当に忙しかったです。
  - → 도나가 지난주에 정말 바빴**다고 했**어요. ドナが先週本当に忙しかったと言いました。
- 도나: "저는 오늘 친구를 만날 거예요." 私は今日友達に会うつもりです。
  - → 도나가 오늘 친구를 만날 **거라고 했**어요. ドナが今日友達に会うつもりだと言いました。
- 도나: "저는 학생이에요." 私は学生です。
  - → 도나가 학생**이라고 했**어요. ドナが学生だと言いました。

나. 의문문 疑問文

동사 動詞		-았/었느냐고 하다	-느냐고 하다	-(으)ㄹ 거냐고 하다
	만나다	만났느냐고 하다	만나느냐고 하다	만날 거냐고 하다
	읽다	읽었느냐고 하다	읽느냐고 하다	읽을 거냐고 하다

형용사 形容詞		-았/었느냐고 하다	-(으)냐고 하다
	바쁘다	바빴느냐고 하다	바쁘냐고 하다
	작다	작았느냐고 하다	작으냐고 하다

명사+이다 名詞		이었/였냐고 하다	(이)냐고 하다
	친구	친구였냐고 하다	친구냐고 하다
	학생	학생이었냐고 하다	학생이냐고 하다

 도나: "윌슨 씨, 지난주에 바빴어요?" ウィルソンさん、先週忙しかったですか？
　　　　→ 도나가 윌슨 씨에게 지난주에 바빴**느냐고** 했어요.
　　　　　　ドナがウィルソンさんに先週忙しかったのかと聞きました。

　　도나: "윌슨 씨, 누구를 만날 거예요?." ウィルソンさん、誰に会うつもりですか？
　　　　→ 도나가 윌슨 씨에게 누구를 만날 **거냐고** 했어요.
　　　　　　ドナがウィルソンさんに誰に会うつもりなのかと聞きました。

　　도나: "윌슨 씨, 학생이에요?" ウィルソンさん、学生ですか？
　　　　→ 도나가 윌슨 씨에게 학생**이냐고** 했어요.　ドナがウィルソンさんに学生かと聞きました。

다. 명령문 命令文

		-(으)라고 하다	-지 말라고 하다
동사 動詞	만나다	만나**라고 하다**	만나**지 말라고 하다**
	읽다	읽**으라고 하다**	읽**지 말라고 하다**

 도나: "윌슨 씨, 선생님을 만나세요." ウィルソンさん、先生に会ってください。
　　　　→ 도나가 윌슨 씨에게 선생님을 만나**라고** 했어요.
　　　　　　ドナがウィルソンさんに先生に会うように言いました。

　　도나: "윌슨 씨, 그 책을 읽지 마세요." ウィルソンさん、その本を読まないでください。
　　　　→ 도나가 윌슨 씨에게 그 책을 읽**지 말라고** 했어요.
　　　　　　ドナがウィルソンさんにその本を読まないようにと言いました。

라. 청유문 勸誘文

		-자고 하다	-지 말자고 하다
동사 動詞	만나다	만나**자고 하다**	만나**지 말자고 하다**
	읽다	읽**자고 하다**	읽**지 말자고 하다**

 도나: "윌슨 씨, 우리 명동에서 만날까요?" ウィルソンさん、私たち明洞で会いましょうか？
　　　　→ 도나가 윌슨 씨에게 명동에서 만나**자고** 했어요.
　　　　　　ドナがウィルソンさんに明洞で会おうと言いました。

　　도나: "윌슨 씨, 시간이 없으니까 만나지 맙시다." ウィルソンさん、時間がないから会うのはやめましょう。
　　　　→ 도나가 윌슨 씨에게 시간이 없으니까 만나**지 말자고** 했어요.
　　　　　　ドナがウィルソンさんに時間がないから会うのはやめようと言いました。

2. 연습하기　　練習

※ 다음을 보고 간접화법을 사용하여 대화를 완성하십시오.

1) 가: 지금 집에 가야 해요.

　 나: 뭐라고요?

　 가: 지금 집에 ＿＿＿＿＿＿＿＿＿＿＿＿＿＿＿＿＿＿＿＿＿.

2) 가: 시험이 어려웠어요?

　 나: 뭐라고요?

　 가: ＿＿＿＿＿＿＿＿＿＿＿＿＿＿＿＿＿＿＿＿＿.

3) 가: 저 좀 도와주세요.

　 나: 뭐라고요?

　 가: ＿＿＿＿＿＿＿＿＿＿＿＿＿＿＿＿＿＿＿＿＿.

4) 가: 같이 점심 먹을까요?

　 나: 뭐라고요?

　 가: ＿＿＿＿＿＿＿＿＿＿＿＿＿＿＿＿＿＿＿＿＿.

解答

1) 가야 한다고 했어요.　　　　2) 시험이 어려웠(느)냐고 했어요.
3) 저 좀 도와달라고 했어요.　 4) 같이 점심 먹자고 했어요.

# 연습 문제 練習問題

1 다음 밑줄 친 부분 중 <u>잘못된</u> 것을 고르십시오.

❶ 철수는 비빔밥을 <u>좋아한다고 한다</u>.
❷ 내 동생은 오늘이 <u>무슨 요일이다고</u> 물었다.
❸ 친구가 같이 영화를 <u>보자고 했다</u>.
❹ 다음 달에 어머니께서 한국에 <u>올 거라고 한다</u>.

101

부록 付録

서술문 叙述文

연습 문제 정답 練習問題解答

서술문 叙述文

1. 알아두기 用法の確認

보통 책이나 신문기사, 일기 등을 쓸 때 사용한다.
普通の本や新聞記事、日記などを書く時に使う。

		-았/었다	-(느)ㄴ다	-(으)ㄹ 것이다
동사 動詞	먹다	먹었다	먹는다	먹을 것이다
	가다	갔다	간다	갈 것이다

		-았/었다	-다	-(으)ㄹ 것이다
형용사 形容詞	좋다	좋았다	좋다	좋을 것이다
	예쁘다	예뻤다	예쁘다	예쁠 것이다

		이었다/였다	(이)다	일 것이다
명사+이다 名詞	학생	학생이었다	학생이다	학생일 것이다
	친구	친구였다	친구다	친구일 것이다

- 나는 매일 학교에 간다.
  私は毎日学校に行く。
- 어제는 날씨가 좋았다.
  昨日は天気が良かった。
- 저 분이 김 선생님일 것이다.
  あの方がキム先生であろう。

unit 1 　문법 1　文法 1

1. ① 2. ④ 3. ③ 4. ③ 5. ① 6. ② 7. ②
8. ③ 9. ① 10. ④ 11. ① 12. ③ 13. ④
14. ① 15. ②

unit 2 　문법 2　文法 2

1. 운동(을) 하는 2. ② 3. ② 4. ②
5. 가는 것 같았다 6. ④ 7. ④ 8. ① 9. ①
10. ③ 11. ③ 12. ② 13. ③ 14. ② 15. ④

unit 3 　문법3　文法 3

1. ① 2. ② 3. ① 4. ② 5. ① 6. ③ 7. ③
8. ③ 9. ④ 10. ① 11. ② 12. ②
13. 조심해야 14. ④ 15. ②

unit 4 　문법4　文法 4

1. ④ 2. ② 3. ② 4. ① 5. ④ 6. ② 7. ④
8. ② 9. ④ 10. ④ 11. ② 12. ① 13. ④
14. ③ 15. ①

unit 5 　문법5　文法 5

1. ③ 2. ④ 3. 사진을 찍으면 4. ③ 5. ①
6. ① 7. ③ 8. ③ 9. ④ 10. ②
11. 피우면 안 돼요 12. 감기에 걸리면 13. ①
14. ② 15. ③

unit 6 　문법6　文法 6

1. ③ 2. ② 3. ① 4. ④ 5. ④ 6. ④ 7. ①
8. ① 9. ④ 10. ③ 11. ③ 12. ① 13. ①
14. ② 15. ④

unit 7 　문법7　文法 7

1. ② 2. ① 3. ① 4. ① 5. ② 6. ④ 7. ②

8. ③ 9. ② 10. ①

unit 8 　문법8　文法 8

1. ③ 2. ④ 3. ② 4. ③ 5. ②

unit 9 　문법9　文法 9

1. ② 2. ③ 3. 읽기 전에 4. ④ 5. ①

unit 10 　문법10　文法 10

1. ① 2. ③ 3. ② 4. ④ 5. ④

unit 11 　문법11　文法 11

1. ④ 2. ④ 3. ① 4. ② 5. ④

unit 12 　시제　時制

1. ③ 2. ③ 3. ① 4. ③ 5. ② 6. ① 7. ①
8.영화를 볼 거예요 9. ②

unit 13 　조사 1　助詞 1

1. ② 2. ② 3. ① 4. ① 5. ④ 6. ④ 7. ①
8. ② 9. ③ 10. ② 11. ② 12. ② 13. ③
14. ② 15. ④

unit 14 　조사 2　助詞 2

1. ④ 2. ① 3. ① 4. ① 5. ④ 6. ④ 7. ②
8. ② 9. ④ 10. ②

unit 15 　조사 3　助詞 3

1. ④ 2. ① 3. ② 4. ② 5. ③ 6. ④ 7. ②
8. ④ 9. ③ 10. ③ 11. ③

著者略歴

金周衍　現、建国大学言語教育院 韓国語課程主任
延世大学教育大学院 韓国語教育 修士号取得
建国大学国語国文学 博士(文学)
著書:『韓国語1』・『韓国語2』・『韓国語3』・『共に学ぶ建国韓国語1-1』・『共に学ぶ
建国韓国語1-2』建国大学校出版社、『トピック語彙30日完成-中級』、パクイジョン

文仙美　現、日本福岡YMCA韓国語講師.
延世大学教育大学院 韓国語教育 修士号取得
著書:『韓国語5』建国大学校出版社、『トピック語彙30日完成-中級』パクイジョン

劉載善　現、ソウル大学言語教育院 韓国語講師
延世大学教育大学院 韓国語教育 修士号取得
著書:『トピック語彙30日完成-中級』パクイジョン

李知昱　現、漢城大学言語教育院 韓国語課程学年主任
梨花女子大学国語国文学 修士号取得
梨花女子大学国語国文学 博士(文学)
著書:『韓国語文法活動集-初級』・『トピック書き/作文-中級』ハングルパーク、『トピッ
ク語彙30日完成-中級』パクイジョン

崔裕河　現、建国大学言語教育院 韓国語課程学年主任
延世大学教育大学院 韓国語教育 修士取得
著書:『韓国語5』、建国大学校出版社、『トピック語彙30日完成-中級』パクイジョン

New TOPIK 必須文法 101 - 初級

초판인쇄	2016년 5월 13일
초판발행	2016년 6월 4일

저자	金周衍, 文仙美, 劉載善, 李知昱, 崔裕河
펴낸이	엄태상
책임 편집	김효은, 장은혜, 정유항
디자인	박경미
마케팅	오원택, 이승욱, 김동현, 전한나, 박나연

펴낸곳	한글파크
주소	서울시 종로구 자하문로 300 시사빌딩
주문 및 교재 문의	1588-1582
팩스	(02)747-1945
홈페이지	www.sisabooks.com
이메일	sisabooks@naver.com
등록일자	2000년 8월 17일
등록번호	1-2718호

ISBN 978-89-5518-200-2　14710
　　　 978-89-5518-197-5　14710 (set)